GATOS

GATOS

[Antología poética]

Edición de *Ricardo Álamo*

RENACIMIENTO
SEVILLA • MMXXIV

El editor hace constar que se han realizado todos los esfuerzos por contactar con los propietarios de los copyrights de los textos incluidos en este libro. Con todo, si no se ha conseguido la autorización, el editor ruega que le sea comunicado.

www.editorialrenacimiento.com
POLÍGONO NAVE EXPO, 17 • 41907 VALENCINA DE LA CONCEPCIÓN (SEVILLA)
tel.: (+34) 955998232 • editorial@editorialrenacimiento.com

Diseño de cubierta: Marie-Christine del Castillo

DEPÓSITO LEGAL: SE 1917-2024 • ISBN: 978-84-10148-79-6
Impreso en España • Printed in Spain

VIENEN DE LA NOCHE DE LOS TIEMPOS

«¿Qué mayor regalo que el amor de un gato?».
CHARLES DICKENS

No han sido pocos los artistas y escritores, y especialmente los poetas, que han sentido un intenso amor por los gatos. La prueba de que ese amor ha sido intenso (y en muchos casos también extenso) la tenemos en el hecho de que la mayoría de ellos les han tributado innumerables homenajes en forma de novelas, ensayos, relatos, microrrelatos y, por supuesto, poemas. Si tuviera que hacer una lista de esos escritores y poetas que han encomiado las cualidades de este misterioso y aristocrático felino, probablemente se me haría felizmente infinita. No la voy a hacer, pero eso no quita que no quiera dejar de referir aquí unos pocos ejemplos, como el de Edgar Allan Poe, que tuvo una gata de nombre Catarina, posiblemente inspiradora de su famoso relato «El gato negro»; o T. S. Eliot, que convivió a lo largo de su vida con hasta cinco gatos y de forma humorística escribió una colección de poemas bajo el título de *El libro de los gatos habilidosos del viejo Possum*, donde explicaba los diversos nombres que tienen los gatos y sus rasgos más característicos; por su parte, la poeta estadounidense Elisabeth Bishop tuvo tres gatos, Minnow, Tobías y Susuki, al primero de los cuales le dedicó el poema «Lullaby for the Cat» (Nana para el gato), en el que, aparte de cantar la plácida dulzura latente en un gato que duerme y sueña, alegaba, críticamente, que *ni un solo gatito acabará ahogado en el Estado marxista*, testimoniando así la poca gracia que le hacía que un animal (o un ser humano) tuviera que vivir sometido al yugo totalitario de un poder que cercena la felicidad de vivir y soñar libremente; otro ejemplo eximio de empedernida pasión por los gatos lo representó Charles Bukowski, quien llegó a tener una decena de gatos (casi todos vagabundos y callejeros), escribió innumerables textos en prosa y verso sobre la hipnótica relación entre humanos y gatos, e incluso llegó a decir que, a su muerte, en su siguiente vida, querría reencarnarse en un gato para, entre otras cosas, dormir veinte horas al día, lamerse el culo y comer, ya que «los humanos son demasiado miserables e iracundos y siempre están haciendo cosas»; y lo mismo que el escritor norteamericano, la poeta y pintora surrealista Alice Rahon vivió rodeada de gatos hasta el final de sus días, cosa que igualmente hicieron sus amigas Remedios Varo y Leonora Carrington, cuyas obras pictóricas y escultóricas fueron un fiel reflejo del profundo interés que les despertó tan bello y misterioso felino; también grandísimo amante de los gatos fue Lord Byron, que tuvo cinco, uno de los cuales, de nombre Beppo, le sirvió para titular su largo poema «Beppo. Una historia veneciana», que a su vez movió a Jorge Luis Borges —que en curiosa coincidencia con Byron también tuvo cinco gatos— a cambiarle el nombre a su hermoso gato blanco Pepo (llamado así por José Omar *Reinaldi*, apodado «La Pepona», un delantero del River Plate) por Beppo, a quien el poeta argentino dedicó en 1981 un poema recogido en *La cifra* que escribió a raíz de que Epifanía Uveda, Fanny, su ama de llaves, le contara que había visto a Beppo mirarse en un espejo como si creyera estar viendo a otro gato, posiblemente a un rival:

El gato blanco y célibe se mira
en la lúcida luna del espejo
y no puede saber que esa blancura
y esos ojos de oro que no ha visto
nunca en la casa son su propia imagen.
¿Quién le dirá que el otro que lo observa
es apenas un sueño del espejo?
Me digo que esos gatos armoniosos
el de cristal y el de caliente sangre,
son simulacros que concede al tiempo
un arquetipo eterno. Así lo afirma,
sombra también, Plotino en las Ennéadas.
¿De qué Adán anterior al paraíso,
de qué divinidad indescifrable
somos los hombres un espejo roto?

Como se sabe, no fue ese el único poema de gatos que escribió Borges. Ya antes, en 1972, en *El oro de los tigres* había dejado constancia de su simpatía por los gatos en el poema titulado «A un gato», donde señalaba, como prestigiosas características de esta «pantera» en miniatura, su naturaleza silenciosa, solitaria, recelosa, aventurera, soñadora y misteriosa, pues «más remoto que el Ganges y el poniente» suya es la soledad, suyo el secreto. Gatos, muchos gatos, tuvieron asimismo Paul Léautaud (más de treinta), Oswaldo Soriano (no menos de cuatro), Théophile Gautier (nueve o más), Colette (unos quince) o en la actualidad Haruki Murakami, que dice no poder vivir sin gatos y por eso convive con más de una docena. Gatos elegantes, de angora, abisinios, siameses, persas, ragdoll, siberianos, egipcios, o gatos mestizos, comunes y corrientes, algunos de los cuales han pasado a la historia porque sus dueños (escritores, poetas) nos hablaron felizmente de ellos, refiriendo sus mejores cualidades y sus, en algunos casos, rimbombantes nombres. Así, Julio Cortázar llamó con cierta retranca (¿filosófica?) a uno de sus gatos Teodoro W. Adorno; Jean Paul Sartre, como no podía ser de otra manera, bautizó al suyo con el nombre de Rien (Nada); F. S. Fitzgerald, amante de la música, se inclinó por Chopin; en el caso de Charles Dickens, primero llamó a uno de sus gatos William pero luego, al descubrir que estaba «preñado», decidió llamarlo Williamina; y el nombre que la estilizada Sylvia Plath le dio a su gato fue Nijinsky. Pero, sin duda, quien más rocambolescos nombres usó para sus pequeñas mascotas gatunas fue el escritor y ensayista mexicano Carlos Monsiváis, quien en una entrevista confesó que había tenido muchos gatos de nombres tan burlones y sarcásticos como Fray Gatolomé de las Bardas, Evasiva, Nana Nina Ricci, Chocorrol, Pos Moderna, Fetiche de Peluche, Monja Desmatecada, Mito Genial, Ansia de Militancia, Miau Tse Tung, Miss Oginia, Miss Antropía, Caso Omiso, Pío Nonoalco, Carmelita Romero, Zulema Moraima (el nombre de la vidente que le predijo la muerte a López Velarde), Voto de Castidad, Catzinger, Peligro para México, Copelas o Caso Omiso.

Ni que decir tiene que los gatos, a lo largo de la historia, han sido fuente de inspiración para muchísimos poetas y escritores en general. Tanto es así que, aparte de configurar una antología poética como esta, se podría asimismo compilar una suerte de voluminoso prontuario de citas en el que mostrar lo que una amplia caterva de literatos han elucubrado sobre esos rumbosos felinos. Como tal cosa no es posible llevarla a cabo aquí, me limitaré a referir sólo unos pocos testimonios de aquellos autores a los que los gatos no dejaron indiferentes, bien porque los consideraron preciosos heraldos de antiguas divinidades (caso de María Zambrano), autómatas indestructibles —pero suaves— creados por la Naturaleza para poner orden en el entorno doméstico cuando todo se ha ido al garete (caso de Ambroce Bierce), o bien porque los contemplaron como epítomes de la falta de sentimentalismo (caso de Pío Baroja) y de la resistencia a la sumisión (caso de Pablo Neruda). Abundando en esta última idea, la de que los gatos son criaturas independientes, aparentemente poco afectivas y refractarias a la docilidad bobalicona tan común en los perros, sus enemigos ancestrales, me viene a la cabeza aquella famosa frase de Jean Cocteau en la que decía preferir los gatos a los perros porque no hay gatos policías, o la de Miguel de Cervantes advirtiendo que «aquellos que juegan con gatos deben esperar ser arañados», o esa otra de Winston Churchill en la que afirmaba que «los perros nos miran como sus dioses, los caballos como sus iguales, pero los gatos nos miran como sus súbditos», que en cierta medida viene a ser un trasunto de aquella otra de Montaigne en la que se preguntaba «cuando juego con una gata, ¿quién sabe si no me utiliza para pasar el rato más que yo a ella?», o, en fin, la del ya mencionado Baroja señalando que «el gato realiza el ideal de Robespierre de la libertad», pues no en vano, según él, no hay otro animal doméstico más pagano que se le asemeje. En cuanto a su filiación divinizante, ya H.P. Lovecraft, en el relato «Los gatos de Ulthar», dejó dicho que «El gato es el alma del antiguo Egipto [... pues] es primo de la Esfinge y habla su misma lengua, aunque el gato tiene un pasado inmemorial y recuerda todo cuanto ella ha olvidado», subrayando que los egipcios le estuvieron rindiendo culto a Bastet –diosa de los hogares y los templos, representada como un gato o una mujer con cabeza de gato– hasta el siglo III a.C., momento en que la hegemonía de su culto comenzó a declinar. De ese antiguo entronque divino procede asimismo la idealización con que Borges hablaba de uno de sus gatos, cuya presencia a su lado decía percibir como la figura de un dios que le protegía de las asechanzas del mundo. Un dios, por supuesto, inmortal, como así lo vio Henry David Thoreau, quien hizo un canto a la condición imperecedera de los gatos afirmando que «tienen unos ojos tan penetrantes y perspicaces que parece que han muerto y regresado a la vida para contárnoslo». También Federico García Lorca no dejó de ponderar ese componente divino que, a diferencia de otros animales mucho más simples y atrabiliarios, tienen todos los gatos, como bien se puede apreciar en su largo poema surrealista –inédito hasta 1986– «Canción novísima de los gatos», cuando dice que «el gato es inquietante, no es de este mundo. Tiene / el enorme prestigio de haber sido ya Dios».

Pero, quizá, uno de los aspectos más singulares que han hecho que estas fieras en miniatura hayan atraído la atención de un sinfín de escritores, ganándose para siempre sus simpatías, es el porte calmoso o la elegante y majestuosa quietud que le son naturalmente propios. Quien haya tenido gatos sabe que muy pocas cosas los perturban. Se diría que han nacido para el reposo y no para el desasosiego ni la excitación nerviosa. Cuando los vemos deambular, dan la impresión de que se abstraen de todo suceso y pareciera que no atienden más que a sí mismos, como si todo lo que les rodea careciera del más mínimo interés, algo superfluo, que no va con ellos, conscientes, tal vez, de que su propia prestancia es lo único que vale la pena tener en cuenta. Por eso no es de extrañar que Leonardo da Vinci dijera que son una obra maestra de la Naturaleza, o que Patricia Highsmith se pronunciara casi en los mismos términos que el polimata florentino y dijera que un gato es una obra de arte viva en metamorfosis perpetua, o que a Julio Cortázar le pareciera que no son más silenciosos los espejos que el andar de un gato. De ese silencio, de ese dulce sosiego también se hicieron eco T. Gautier y Jules Renard, el primero de los cuales afirmó que los gatos se complacen en el silencio, el orden y la quietud, y el segundo que el ideal absoluto de la calma es un gato sentado. Pero no sólo ellos, también Walter Scott, Victor Hugo, Hippolyte Taine, Simon Leys *i tutti quanti* nos regalaron abundantes elogios de la indolente y silenciosa naturaleza gatuna. Una naturaleza que, por cierto, se aviene muy bien con la particular naturaleza de los escritores o, en todo caso, con las circunstancias espirituales y materiales en las que cualquier escritor que se precie ha solido trabajar para ejercer satisfactoriamente su oficio, y que no son otras que el silencio, la soledad y el ensimismamiento. De ahí que el crítico, periodista y profesor canadiense Robertson Davies, al hilo de esa similitud de caracteres entre escritores y gatos, llegara a decir con cierta benevolencia que «a las personas que escriben les gustan los gatos porque son callados, sabios y encantadores. Y a los gatos les gustan las personas que escriben por las mismas razones», cosa que con anterioridad ya supo ver el mencionado T. Gautier cuando afirmó que ningún lugar les conviene más a los gatos que el escritorio de un hombre de letras, cosa asimismo que refrendaría Oswaldo Soriano al manifestar que «un escritor sin gato es como un ciego sin lazarillo».

Llegados a este punto, y comoquiera que esta antología solamente recoge poemas de autores de lengua española, no me quiero olvidar de reseñar que muchos de los más afamados poetas en otras lenguas, tanto de la cultura occidental como de la oriental, les dedicaron si no sus mejores versos, sí algunos de los más sensibles y delicados, como fueron los casos de P. B. Shelley («Versos sobre un gato»), Emily Dickinson («Ella ve un pájaro»), W. B. Yeats («El gato y la luna»), John Keats (que escribió un soneto lleno de humor dedicado al gato de la Sra. Reynolds, madre de su íntimo amigo J. H. Reynolds), Baudelaire («Los gatos»), Wislawa Szymborska («Gato en un piso vacío», según confesión de la propia autora el poema más triste jamás escrito por ella) o Kobayashi Issa, Basho y Shiki (los tres máximos representantes del haiku japonés, muchas de cuyas composiciones estuvieron consagradas a los gatos, como estas dos de Issa recogidas por Wing Fun Chen y Hervé Collet en «Le chat & moi»: «El gato amante / se acicaló como Gengi / en el seto. // Lluvia de primavera / al gato la niña / enseña a bailar»).

* * *

Sin pretender atribuirme méritos que no me corresponden, quiero señalar que algunos de los datos que iré refiriendo a partir de ahora están tomados de la ponencia que lleva por título «Cuando los gatos se convierten en literatura. Imágenes felinas en la literatura española e hispanoamericana», excelente trabajo que la filóloga Monserrat López Mújica presentó en el Coloquio Internacional Ficciones Animales / Animales de Ficción, celebrado en la Universidad de Lausanne en el año 2012. Según algunas fuentes paleontológicas, la domesticación de los gatos se produjo hace unos siete mil años, con el comienzo de la agricultura, y parece ser que los gatos actuales (*felis silvestris lybica*) proceden de cinco líneas maternas diferentes de gatos monteses de Oriente Próximo. Como otros muchos animales que pasaron de la vida salvaje a la vida doméstica, los hombres se sirvieron de los gatos para darles una utilidad práctica, fundamentalmente para apresar (o ahuyentar) a los roedores que se comían el grano almacenado por los agricultores. Ya dije antes que fueron los antiguos egipcios los primeros en considerar a los gatos como divinidades, cambiando su estatus de simples animales caseros por el de criaturas superiores: por eso, en su honor, los representaron en pinturas y tumbas recreando escenas de caza, o les erigieron estatuas en templos, espacios públicos o junto a las casas, en la creencia de que de esa manera protegerían a sus habitantes de las alimañas y de los malos espíritus. Parece ser que la primera deidad felina en Egipto fue Mafdet, a la cual se la representaba habitualmente como un lince. Pero las diosas gatunas más conocidas fueron Bastet (diosa de la fertilidad y protectora de niños y gatos) y Sehkmet (diosa de la guerra y la destrucción).

Con ciertos visos de leyenda, se cuenta que la introducción de los gatos en el continente europeo se produjo gracias a los griegos, quienes les robaron seis parejas a los egipcios y posteriormente, con el nacimiento de las primeras camadas, comerciaron con los romanos, los galos y los celtas, extendiendo así la especie por casi todo el orbe mediterráneo.

En China, se tiene noticia de que los gatos no llegaron antes del siglo II a.C., durante la dinastía Han. Por sus dotes cazadoras y por su belleza rápidamente se convirtieron en animales bien vistos, y de la misma manera que hicieron los egipcios, los chinos pasaron a representarlos como símbolos de la fortuna y ahuyentadores de los malos espíritus. Y cosa similar ocurriría unos siglos más tarde en Japón, donde los gatos llegaron a tener tan buena acogida que en el siglo XVIII se promulgó un decreto prohibiendo tanto su comercio como su reclusión.

Hasta la Edad Media, en Europa los gatos gozaron de buena reputación, excepto en la cultura celta, donde comenzó a extenderse la creencia de que los ojos de los gatos negros reflejaban las llamas del infierno y sus cuerpos servían para que las brujas se desplazaran sin ser vistas. De ahí que, a partir del siglo XII, la iglesia comenzara una persecución implacable contra ellos, siendo la Inquisición y el edicto promulgado por el papa Inocencio VIII, en 1484, los que provocaron que se los sacrificara a mansalva en las fiestas populares, ya que se les atribuían poderes sobrenaturales, como la diabólica facultad de tener siete vidas. Símbolos del diablo y de la brujería, asociados a la mala suerte, al disimulo, la pereza y la feminidad (por su expresiva conducta sexual), no fue hasta el siglo XVII cuando de nuevo vieron recuperado su antiguo prestigio, gracias sobre todo a su destreza y habilidad para la caza de ratas y otros bichos malquistos, verdaderos causantes de pestes, epidemias y plagas. Ya en el siglo XVIII, plenamente recobrado su crédito, los gatos dejarán de ser tratados como meros útiles instrumentales al servicio del hombre para transformarse en animales cuya elegancia, refinamiento y porte garboso harán las delicias de muchos artistas, probablemente imbuidos del espíritu de querer parecerse a ellos: independientes, soñadores y complejos.

Dice López Mújica que en la literatura española del Medievo los gatos aparecen fundamentalmente en las recopilaciones de *exemplos*, una suerte de enseñanzas moralizantes y prácticas en las que el carácter crítico-moral era la nota predominante. Así se puede observar en el *Libro de los Gatos* (s. XIV), obra de autor anónimo en la que rezuman su carácter satírico y burlón dirigido fundamentalmente a los estamentos del alto clero y la nobleza (en aquel tiempo denominados despectivamente 'gatos', en tanto que personificaciones de la usura, el pecado, la codicia, el robo, la farsa o la simulación, vicios claramente taimados y felinos desde la perspectiva social de la época). A principios del XVII, permanece más o menos impertérrito el empleo del tono paródico en obras como *La Muerte, entierro y honras de la gata de*

Juan Crespo, de autor anónimo, *La Gaticida*, de Bernardino de Albornoz, el romance *Consultación de los gatos* y *Habla con Enero, mes de los gatos*, de Quevedo, *La Gatomaquia* y *La esclava de su galán*, de Lope de Vega o la *Exhortación a Cintia a que deje de ser ingrata, poniéndole por ejemplo la recíproca correspondencia de los gatos*, de Agustín de Salazar, obras en las que los gatos continúan encarnando las más perfectas imperfecciones de la sociedad, cosa que seguirá dándose en las fábulas dieciochescas de Félix María de Samaniego y Tomás de Iriarte, donde los gatos son especímenes alegóricos de los defectos humanos o simples disfraces en los que camuflar sus vergüenzas, como por ejemplo la hipocresía en *Los gatos escrupulosos* o la falsa apariencia en *La gata con cascabeles*.

Si bien es cierto que durante el siglo XIX los gatos no estuvieron muy presentes en las composiciones de los líricos españoles e hispanoamericanos (a excepción de unos pocos poemas de tono casi siempre naturalista y moralizante, como «A una gata transformada en mujer», de Jacinto de Salas y Quiroga, «La carambola», de Ramón de Campoamor, «Mi gatito», de Amado Nervo, «La mosca y el gato», de Manuel del Palacio, «El ratoncillo ignorante», del mexicano José Rosas Moreno o «Cutufato y su gato», del venezolano Rafael Pombo), no menos cierto es que, con la irrupción del romanticismo, se produjo un sustancial cambio de perspectiva y los gatos comenzaron a adquirir, a ojos de algunos poetas y literatos, una consideración más sugestiva y fascinante. Su ingrávida elegancia, su sensualidad, su belleza, su misterio y, por supuesto, también su malditismo (como se encargaron de subrayar tanto E. A. Poe como Baudelaire, Lovecraft o Matheson) empezaron a ser destacados como rasgos valiosos o singulares en detrimento de otros más irritantes. Rasgos que de un modo definitivo se asentarían ya bien entrado el siglo XX, cuando las élites ilustradas, y por extensión los cofrades del Arte, tomaron una mayor conciencia de respeto a los animales en general y a las mascotas domesticadas en especial, sobre todo perros y gatos.

Dejando a un lado las producciones en prosa de Galdós («Miau»), Emilia Pardo Bazán («El espectro») o Valle-Inclán («Rosarito», «El rey de la máscara», «Beatriz», etc.), en cuyas novelas y relatos los gatos aún siguen apareciendo como figuraciones de lo malicioso, lo diablesco o lo brujeril, no cabe duda de que serán los nuevos aires poéticos traídos primero por el modernismo y posteriormente por todos los «ismos» de las vanguardias (incluido el neopopularismo) los que viren la percepción que se tenía de estos pequeños felinos hacia un cada vez más expresivo embeleso, una mayor displicencia y un insobornable sentimiento de admiración, todo lo cual se irá acentuando de manera exponencial en algunas de las múltiples corrientes poéticas surgidas a uno y otro lado del océano Atlántico a lo largo de la pasada centuria hasta llegar a nuestros días. Prueba de ello es que algunos de los más encumbrados poetas de las dos orillas, entre intrigados unos y fascinados otros, sintieron en algún momento la imperiosa necesidad de crear monumentales himnos a los gatos en forma de odas, romances, sonetos y otras composiciones poéticas, necesidad que igualmente arrastró a una infinidad de poetas ulteriores, con independencia de su adscripción o no a una de las muchas corrientes literarias surgidas a lo largo de todo este último siglo. Poetas vanguardistas y poetas garcilasistas, poetas surrealistas y poetas realistas, poetas de la experiencia y poetas de la diferencia…, y poetas a secas, unos y otros, lo mismo españoles que hispanoamericanos, han dado suficientes muestras textuales de su amor y simpatía por los gatos, en la segura creencia de que es casi «imposible no hacer de su compañía / un refugio para el espíritu» (Antonio de la Grosa) y porque, en contraste con las imperfecciones de los demás animales, sólo los gatos aparecieron completos (Pablo Neruda).

Seducción, belleza sensual, ociosidad, inteligencia, complejidad, arrogancia, musicalidad y gracia, independencia, volubilidad, secretismo, irascibilidad, sigilo, etc., son algunas de las características más ligadas a la personalidad de estas pequeñas y delicadas fieras que, por ser fecundas en un profundo misterio, se pasan casi todo el tiempo durmiendo apaciblemente, pues, a su modo, y como le dijera en una ocasión Jules Laforgue a su hermana Marie, los gatos en realidad no son sino mayúsculos y ejemplares traficantes del infinito, brahmanes y profundos. ¿Y qué cosa hay en la vida más bonita y profunda que el sueño? Así, por ejemplo, lo vio Pablo Neruda, quien no sólo escribió su famosa «Oda al gato» sino también el hermoso poema «Sueño de gato», incluido en *Estravagario*:

> *Qué bonito duerme un gato,*
> *duerme con patas y peso,*
> *duerme con sus crueles uñas,*
> *y con su sangre sanguinaria,*
> *duerme con todos los anillos*

que como círculos quemados
construyeron la geología
de una cola color de arena.
Quisiera dormir como un gato
con todos los pelos del tiempo,
con la lengua del pedernal,
con el sexo seco del fuego
y después de no hablar con nadie,
tenderme sobre todo el mundo,
sobre las tejas y la tierra
intensamente dirigido
a cazar las ratas del sueño.
He visto cómo ondulaba,
durmiendo, el gato: corría
la noche en él como agua oscura,
y a veces se iba a caer,
se iba tal vez a despeñar
en los desnudos ventisqueros,
tal vez creció tanto durmiendo
como un bisabuelo de tigre
y saltaría en las tinieblas
tejados, nubes y volcanes.
Duerme, duerme, gato nocturno
con tus ceremonias de obispo,
y tu bigote de piedra:
ordena todos nuestros sueños,

dirige la oscuridad
de nuestras dormidas proezas
con tu corazón sanguinario
y el largo cuello de tu cola.

Pero ya apunté antes que otro de los rasgos asociados a este complejo animal es su atávico malditismo o la irracional propensión que ha habido en antiguas y modernas culturas a relacionarlo con el horror, el infierno y la escatología. Sin ir más lejos, contaba Truman Capote, en su libro de impresiones viajeras *Color local*, que en una ocasión, estando en Venecia, una chica llamada Lucía, que no dejaba de atosigarlo, le quiso gastar una broma pesada enviándole un paquete envuelto en papel de periódico donde había un gato amarillento muerto que, simbólicamente, venía a representar de manera explícita y macabra todo el mal que la chica le deseaba por haberla hecho sentirse decepcionada al saber que abandonaba Venecia sin tener siquiera la deferencia de despedirse amigablemente de ella. Naturalmente, Capote entendió perfectísimamente su mensaje sin que nadie tuviera que explicárselo, pese a que esa clase de lúgubres supercherías y bárbaras costumbres no formaran parte de la refinada *high society* neoyorquina con la que habitualmente se codeaba, donde ni por asomo se hubiera tolerado que se pudiera maltratar a un animalito de compañía. Pero, con todo, esta anécdota no puede empañar el hecho de que en Italia, y en especial en Roma, a los gatos se les respeta y se les mima extremadamente, hasta el punto de que están protegidos por ley y además son los únicos animales a los que les está permitido encaramarse a las esculturas del viejo Imperio y deambular por donde les plazca.

Ahora bien, siendo cierto que en las sociedades civilizadas cada vez hay una mayor preocupación por salvaguardar el bienestar de todos los animales domésticos, no hay que olvidar que aún siguen quedando disparatados resabios y absurdos prejuicios sobre la supuesta ascendencia demoníaca e infernal de los gatos. Por eso el lector no debería de extrañarse al advertir que en algunos de los poemas incluidos en esta antología las alusiones a esa tétrica ascendencia, sin ser abundantes, todavía son manifiestamente visibles, como por ejemplo en «Gato negro», de la poeta salvadoreña Emma Posada, donde declara que el gato es «eco del infierno, silueta del pecado», o en «Gato», del también salvadoreño Otoniel Guevara, que lo describe como «yerno del diablo, satélite del techo, / sombra que nace donde muere la fe», o, por poner un último ejemplo, en «El gato», del mexicano Eduardo Lizalde, quien al hablar de los ojos de un gato refiere que «sus fosfóricas pupilas / —eso suele decirse— / son un túnel de luz hacia el infierno». Pero no nos engañemos, salvo esas pocas excepciones, los poemas aquí reunidos se alejan bastante de esa descripción mefistofélica y, en general, encomian las muchas virtudes de los gatos, celebran elegíacamente su vida (o su muerte) y no desacostumbran encarecer la silenciosa compañía con que colman de ternura nuestras más agónicas soledades. Y, en fin, teniendo en cuenta que la némesis del gato es el perro, animal del que tanto se han elogiado sus cualidades «humanas» desde los tiempos de Homero, no es cosa menor que hoy en día se tenga cada vez más a este pequeño felino por uno de los mejores amigos del hombre, tal vez porque como felizmente escribiera Sigmund Freud «el tiempo pasado con los gatos nunca se desperdicia».

RICARDO ÁLAMO
Puerto Real, 3 de enero de 2024

TODA antología poética debe justificarse a partir de unos criterios claros y precisos. Por esta razón, para la confección de esta antología, en la que me ayudó especialmente Marie-Christine del Castillo-Valero, a la hora de seleccionar a los poetas (y sus poemas) que finalmente formarían parte de ella, creí que era más importante que primase la variedad de registros antes que la nombradía o la supuesta prez de los mismos. Además de esta primera cláusula, también me he decantado por la conveniencia de no hacer un libro tipo mamotreto en el que se diera cabida a todo poema de temática gatuna, édito o inédito, del que tuviera noticia. De haberlo hecho así, el resultado seguramente habría sido no tanto una antología como una suerte (o más bien mala suerte) de *patchwork* elaborado sobre la base de un amontonamiento de poemas sin ton ni son más que sobre el puntal de una cabal selección y unas razonables preferencias. A raíz de esta voluntaria renuncia al mamotreto, la siguiente decisión que tomé fue que el número de poetas y poemas escogidos no sobrepasara el centenar, cifra lo suficientemente amplia como para hacerle llegar al lector una muestra no poco significativa de los diferentes enfoques que desde la poesía se le ha dado a los gatos. Y como consecuencia de esta decisión, se entenderá entonces mejor que, a pesar de la abundancia de poetas en cuyas obras se puede hallar más de un poema dedicado a los gatos, y a pesar también de la existencia de algunos poemarios consagrados enteramente a estos pequeños felinos, haya optado por elegir sólo en algunos pocos casos más de un poema por autor. En cuanto al marco lingüístico, temporal y geográfico sobre el que pivota esta antología, hay que decir que todos los poemas fueron escritos en lengua española, la mayoría de ellos dados a conocer a lo largo del siglo xx y, sin ninguna excepción, rubricados por poetas de origen español o hispanoamericano. De ahí que el motivo fundamental por el cual se ha prescindido de autores pertenecientes a otras lenguas no se debe ni mucho menos a que lo desmerezcan, sino a una simple razón de economía, que no es otra que la de que en lengua española ya hay (y ha habido) suficientes buenos poetas que han escrito sobre los gatos como para no tener que abrir aún más el abanico. En cuanto a la procedencia de los poemas, he buscado las fuentes originales de los mismos en aquellos poemarios, *plaquettes*, revistas o periódicos donde fueron publicados por primera vez, pero cuando tal cosa no me fue posible he acudido a antologías y ediciones posteriores (en algunos casos póstumas) para referenciarlos, excepción hecha, claro está, de los que aquí aparecen como inéditos.

Por último, quiero reconocer la inestimable ayuda que me prestaron quienes desinteresadamente se ofrecieron para darme a conocer poemas de los que nada sabía, así como para sacarme del apuro ocasionado por algunas de mis dudas, lapsus o torpezas. Quedo, pues, especialmente agradecido a Antonio Castán, Javier Castro Flórez, Otoniel Guevara, Fernando Iwasaki, José Luis Melero, Inmaculada Moreno, Javier Salvago y Mónica Toyos Doello.

R. A.

GATOS

EL PLEITO

I

Diz que dos gatos de Angola
en un mesón se metieron
del cual sustraer pudieron
un rico queso de bola.

Como equitativamente
no lo pudieron partir,
acordaron recurrir
a un mono muy competente;

mono de mucha conciencia
y que gran fama tenía,
porque el animal sabía
toda la Jurisprudencia.

—Aquí tenéis –dijo el gato
cuando ante el mono se vio–
lo que este compadre y yo
hemos robado hace rato;

y pues de los dos ladrones
es el robo, parte el queso
en mitades de igual peso
e idénticas proporciones.

—Aquel mono inteligente
observa el queso de bola,
mientras menea la cola
muy filosóficamente.

—Recurrís a mi experiencia
y el favor debo pagaros,
amigos, con demostraros
que soy mono de conciencia;

voy a dividir el queso,
y, por hacerlo mejor,
rectificaré el error,
si hubiere, con este peso.

—Por no suscitar agravios,
saca el mono una balanza
mientras con dulce esperanza
se lame un gato los labios.

—Haz, buen mono, lo que quieras
—dice el otro con acento
muy grave, tomando asiento
sobre sus patas traseras.

II

VALIÉNDOSE de un cuchillo,
la bola el mono partió,
y en seguida colocó
un trozo en cada platillo;

pero no estuvo acertado
al hacer las particiones,
y tras dos oscilaciones
se inclinó el peso hacia un lado.

Para conseguir mejor
la proporción que buscaba
en los trozos que pesaba,
le dio un mordisco al mayor;

pero como fue el bocado
mayor que la diferencia
que había, en la otra experiencia
se vio el mismo resultado,

y así, queriendo encontrar
la equidad que apetecía,
los dos trozos se comía
sin poderlos nivelar.

No se pudo contener
el gato, y prorrumpió así:
—Yo no traje el queso aquí
para vértelo comer.

Dice el otro con furor,
mientras la cola menea:
—Dame una parte, ya sea
la mayor o la menor;

que estoy furioso, y arguyo,
según lo que va pasando
que, por lo nuestro mirando,
estás haciendo lo tuyo.

III

EL juez habla de este modo
a los pobres litigantes:
—Hijos, la Justicia es antes
que nosotros y que todo.

Y otra vez vuelve a pesar
y otra vez vuelve a morder;
los gatos a padecer
y la balanza a oscilar.

Y el mono, muy satisfecho
de su honrada profesión,
muestra su disposición
para ejercer el Derecho.

Y cuando del queso aquél
quedan tan pocos pedazos
que apenas mueven los brazos
de la balanza en el fiel,

el mono se guarda el queso
y a los gatos les responde:
—Esto, a mí me corresponde
por los gastos del proceso.

Obras completas

ANTONIO M. CUBERO

L-I-M-I-N-A-R

ESCRIBO —anuncian secamente las Memorias— en «gato». «Para ver en el interior de un gato cojo y tuerto y llegar a su corazón (diremos como los hombres absurdos de las barracas: *«¡oh Señores!»*) se necesitan afinidades gatunas». «¿Mi vida? ¡dirán ustedes! —¡pobre gato sin ojo! ¡pobre gato sin un pie!— se tambaleará». «Les repetiré —¡oh conscientes desmemoriados!— que escribo gatunamente».

C-O-S-M-O-G-O-N-Í-A

«¿Os imagináis que la cosmogonía de un gato seme-
ja una mesa coja?». «Tris-tras, tris-tras, tris-tras», dicen
las Memorias. «Nada de eso: a los gatos no nos conta-
minan enturbiantes mutilaciones». «Esos tristrás son la
topografía, visiones y grafismos malsanos y oscilantes de
vuestra conciencia».

ERROR CAUSAL

«Vosotros los desgraciados conscientes (se lee en las Memorias esta frase doliente) os acongojáis viendo los pájaros en las invernadas reposando en los aleros». «¡Se mueren! ¡se mueren! ¡se mueren! –os comunicáis ateridos– pues el frío los matará». «Saben que los pájaros –paradistas del gran Nietzsche– son Rosas dinámicas de oxígeno». «El frío os lleva a la campana de vuestros abuelos. Pues el ánimo de los pájaros –¡oh pobres y miserables conscientes!– va paralelo con el ambiente; por lo tanto, nada les turba». «Este es –dice el gato cojo y tuerto– el error causal».

En *Revista Vltra*, n.º 15

JOSÉ JUAN TABLADA

PANORAMA

Bajo de mi ventana, la luna en los tejados
y las sombras chinescas
y la música china de los gatos.

El jarro de flores

NO SE LIBRÓ NI EL GATO DE UN SONETO

G ATO, radio-magnético y granuja. Indolente
guardador del secreto de la electricidad.
Elástico, elegante, tu dandismo insolente
es el vago dominio de tu felinidad.

Fierecilla doméstica, graciosa y enigmática,
añoradora, acaso, de soles ancestrales
en atroces maniguas o inmensos arenales,
lejos hoy de tu vida sedentaria y flemática.

¿Qué ves con esos ojos nictálopes, que en vano
adivinar pretendo, en la sombra? ¿Qué miras
—donde yo nada alcanzo— que te halaga o te ofende?

¿A quién maúllas fiero? ¿De quién huyes liviano?
¿De qué presencia pueblas el misterio? ¿Deliras?
¿O bien yo soy el torpe, que ni ve… ni comprende?

Poesía de guerra y postguerra

HAY QUE COMER CARNE DE GATO...

¡OH qué ingente
tristeza y qué infinito
deseo de emigrar!... Y diariamente
comiendo gato frito...

Vivir la provinciana
ñoñez... Y en la rutina
cotidiana,
de una simplicidad de vaselina

simple, un puritanismo
de curato
que predica lo mismo
de siempre: «Hay que comer carne de gato».

Por el atajo

FERNANDO VILLEGAS ESTRADA

LOS OJOS DE LOS GATOS

Los ojos de los gatos, nocturnos personajes
fantasmáticos, dos microsoles malditos,
escrutan las tinieblas. Siniestros espionajes,
a través de los negros abismos infinitos.

Los ojos de los gatos, esbirros tenebrosos,
fosforecen dorados reflejos enigmáticos;
los ojos de los gatos de Angora, misteriosos,
los foscos gatos negros, malignos y flemáticos.

En las noches oscuras, de terrores neuróticos,
como alucinantes ojos de Pesadillas,
danzan unos absurdos bailables estrambóticos
en los destartalados quicios de las guardillas.

Unos ojos que brillan con influjos hipnóticos
tras las pupilas amarillas.

Café romántico y otros poemas

GATOS DE ROMA

Los gatos,
No vagabundos pero sin un dueño,
Al sol adormecidos
En calles sin aceras,
O esperando una mano dadivosa
Tal vez por entre ruinas,
Los gatos,
Inmortales de modo tan humilde.
Retan al tiempo, duran
Atravesando las vicisitudes,
Sin saber de la Historia
Que levanta edificios
O los deja abismarse entre pedazos
Bellos aún, ahora apoyos nobles
De esas figuras: libres.
Mirada fija de unos ojos verdes
En soledad, en ocio, y luz remota.

Entrecerrados ojos,
Rubia piel y calma iluminada.
Erguido junto a un mármol,
Superviviente resto de columna,
Alguien feliz y pulcro
Se atusa con la pata relamida.
Gatos. Frente a la Historia,
Sensibles, serios, solos, inocentes.

A la altura de las circunstancias

EL GATO

E L gato. Siempre hubo un gato
que era el gato, el gato eterno,
la gracia de un garabato,
la luz de un maullido tierno.
El gato era Persia, Egipto,
magnetismo, dinastía,
la selva, el tigre conscripto
a soñar filosofía,
a coser —tan siderales—
sus ojos en sus ojales.

Mi Santander, mi cuna, mi palabra

FEDERICO GARCÍA LORCA

CANCIÓN NOVÍSIMA DE LOS GATOS

MEFISTÓFELES casero
está tumbado al sol.
Es un gato elegante con gesto de león,
bien educado y bueno,
si bien algo burlón.
Es muy músico; entiende
a Debussy, mas no
le gusta Beethoven.
Mi gato paseó
de noche en el teclado,
¡Oh, que satisfacción
de su alma! Debussy
fue un gato filarmónico en su vida anterior.
Este genial francés comprendió la belleza
del acorde gatuno sobre el teclado. Son
acordes modernos de agua turbia de sombra
(yo gato lo entiendo).

Irritan al burgués: ¡Admirable misión!
Francia admira a los gatos. Verlaine fue casi un gato
feo y semicatólico, huraño y juguetón,
que maullaba celeste a una luna invisible,
lamido por las moscas y quemado de alcohol.
Francia quiere a los gatos como España al torero.
Como Rusia a la noche, como China al dragón.
El gato es inquietante, no es de este mundo. Tiene
el enorme prestigio de haber sido ya Dios.
¿Habéis notado cuando nos mira soñoliento?
Parece que nos dice: la vida es sucesión
de ritmos sexuales. Sexo tiene la luz,
sexo tiene la estrella, sexo tiene la flor.
Y mira derramando su alma verde en la sombra.
Nosotros vemos todos detrás al gran cabrón.
Su espíritu es andrógino de sexos ya marchitos,
languidez femenina y vibrar de varón,
un espíritu raro de inocencia y lujuria,
vejez y juventud casadas con amor.
Son Felipes segundos dogmáticos y altivos,
odian por fiel al perro, por servil al ratón,
admiten las caricias con gesto distinguido
y nos miran con aire sereno y superior.

Me parecen maestros de alta melancolía,
podrían curar tristezas de civilización.
La energía moderna, el tanque y el biplano
avivan en las almas el antiguo dolor.
La vida a cada paso refina las tristezas,
las almas cristalizan y la verdad voló,
un grano de amargura se entierra y da su espiga.
Saben esto los gatos más bien que el sembrador.
Tienen algo de búhos y de toscas serpientes,
debieron tener alas cuando su creación.
Y hablarán de seguro con aquellos engendros
satánicos que Antonio desde su cueva vio.
Un gato enfurecido es casi Schopenhauer.
Cascarrabias horrible con cara de bribón,
pero siempre los gatos están bien educados
y se dedican graves a tumbarse en el sol.
El hombre es despreciable (dicen ellos), la muerte
llega tarde o temprano ¡Gocemos del calor!
Este gran gato mío arzobispal y bello
se duerme con la nana sepulcral del reloj.
¡Que le importan los senos del negro Eclesiastés,
ni los sabios consejos del viejo Salomón?
Duerme tú, gato mío, como un dios perezoso,

mientras que yo suspiro por algo que voló.
El bello Pecopian se sonríe en mi espejo,
de calavera tiene su sonrisa expresión.
Duerme tú santamente mientras toco el piano,
este monstruo con dientes de nieve y de carbón.
Y tú gato de rico, cumbre de la pereza,
entérate de que hay gatos vagabundos que son
mártires de los niños que a pedradas los matan
y mueren como Sócrates
dándoles su perdón.

Inédito hasta 1986

LA GATITA MANCHA Y EL OVILLO ROJO

HABÍA un ovillo en el costurero. Era un ovillo muy grande y muy rojo. Era un ovillo muy bonito. La gatita Mancha dijo al verle:

—Miaumero! Miaumero!
Una pelota roja.
Yo la quiero. Yo la quiero,
aunque me quede coja.
Yo llegaré hasta el costurero.
El costurero está muy alto.
Pero todo será cuestión
de dar valientemente un salto
aunque me lleve un coscorrón.

Saltó la gatita Mancha. Cayó dentro del costurero. El costurero, el ovillo rojo y la gatita Mancha cayeron de la mesa y rodaron por el suelo.

Dijo la gatita:

—Miaumiar! Miaumar!
Yo no puedo correr!
Yo no puedo saltar!
Yo no puedo ni un pelo mover!
Quién me quiere ayudar?

Al oírla, vino Ruizperillo. Y vino su madre. Y la hermanita de Ruizperillo también vino. Y toda la familia de Ruizperillo vino a ver la gatita Mancha enredada en el ovillo. Todos reían viéndola cada vez más enredada en el algodón del ovillo rojo.

La madre de Ruizperillo dijo:

—Mancha, Manchita,
usted está de broma.
Ahora necesita
mi ayuda, gatita, paloma.
Este ovillo
no es para una gata pequeña,
sino para una que enseña
viejo el solomillo,

vieja la nariz y aguileña.
No sabe usted
bordar ni coser,
gatita de dientes
y uñas de alfiler.

Toda la familia de Ruizperillo rio hasta que la gatita Mancha salió de su cárcel de algodón. Entonces, Ruizperillo dejó en el suelo su pelota de goma para que Mancha jugara con ella. Y la gatita echó a correr asustada y diciendo:

—Fus! Fus! Parrafús!

Porque el gato más valiente,
si sale escaldado un día,
huye del agua caliente,
pero, además, de la fría.

Obra exenta

EMMA POSADA

GATO NEGRO

A LMA de duende en cuerpo de sombra. Enjoyada la cabeza,
el espinazo interrogante, el paso de seda.
Las campanas desbordan sus doce vinos. Luna en los
tejados. Brisa en las ramas deshojantes. La pedrería
de los ojos del gato se abrillanta. Espera...
La bruja de la escoba, andrajosa y hambrienta no ha
de venir ahora; se durmió de cansancio en el
campanario del pueblo.
La desesperación en el lomo del gato forma un arco
y lanza la flecha de un maullido. Un signo lúgubre
se alarga en el silencio.
Gato negro, embriagado de luna. Gato negro, bohemio
de los tejados; eco del infierno, silueta de un pecado.
Gato negro: seda, sombra y pedrería.

Poemas en prosa

A MI GATO

HAS caído en juguete gato niño.
Para tu educación y mejoría
te miman, amaestran,
haciéndote un humilde pasatiempo
de sus ocios, sus hijos o caprichos,
olvido cuando todos van al mundo
que tú no verás nunca
sino a través de unos visillos blancos.

Y el mundo es bello, gato. ¿No recuerdas?
Y andar sin dirección, no por oficio,
abriendo a cada paso cien senderos
sin que la cara, el gesto, la palabra
de los demás nos castren la alegría,
nos llenen de temor, silencio o rabia,
nos hagan derramarnos al vacío
por un escotillón que abre el fracaso.

¡Andar, Señor, a solas y sosiego,
hacer camino en paz y madurando
con el trigo, la miel y la aceituna,
en silencio o cantando, según la luz, el día!

Pero tú estás aquí ya para siempre, gato.
Tu futuro es decir más tu presente,
andar entre personas que te toman
o te dejan, te llaman o rechazan
según la sangre que les diga entonces.
O asomarte al balcón y ver enfrente,
sin saberlo, la calle o la taberna,
sartén de gritos con raíz de vino,
de espaldas al fruir del mediodía
que les abra en granada de presagios
y a ti te pone rosas en las venas,
un ritmo planetario en los andares
y te enluce y humana la postura.

Por más que alces las manos y hagas señas,
no alcanzarás la Luna, ansiado ovillo
para jugar por las habitaciones
y dejarla luciendo bajo un trasto.

¡La Luna honda de enero que te hierve,
mujer o mar,
haciéndote carbunclos de la sangre, gato!
¡La Luna que te llama y que no puedes
seguir por los tejados a tu gusto!

Moneditas de luz son las estrellas
andando por tus ojos frutescentes
al fondo del estanque de tu vida,
contándote en azul dulce la noche.
Y tú, resorte vivo, movimiento,
concertada armonía, pobre gato,
para siempre varado en esta casa
de donde has de salir a los gusanos,
a flor de muladar en caja de cartón.

Duermes caliente, pero tú no eres,
y te despierta el sexo a media noche y lloras,
y un día han de castrarte, porque temen
el alarido de caverna en la conciencia.
¡Castrarte, gato, a contraley,
mientras maduran frutos en el árbol,
y la luz en el cielo es más cuajada,

y frunce Dios el ceño porque el hombre
ha infringido las normas en ti, gato!

A veces ronroneas durmiendo en el fogón,
y tu zumbar es eco impresionante
de una tormenta roja despeñada
por la ladera abajo de los genes
hasta tu forma, gato, aunque imaginan
que tienes sueño y saltas a otro punto
dejándonos apenas tu silueta
limitando la nada en ser concreto.
Otras tu corazón se aloca, pájaro
latente como susto entra las palmas,
amor o brasa que se mana en prisas.

¿No recuerdas que fuiste un tiempo libre,
cuando morir era mejor que estar cercado,
cuando no había sillas que te dieran lecho,
ni mujeres de sal y soltería
con sueños y sin hijos que te hicieran
lazos de seda para el cuello esclavo,
ni loqueaban niños a tu vista,
crueles e inocentes, tal árboles que matan?

Dios no quiere que incumplan su fin las criaturas,
y en el aire hay olor a compañera.

Pero las puertas a la calle, al patio,
están cerradas para ahogarte en ansias.
Y el tejado florido, albo de luna
musical desangrándose,
imposible, lejano, sin acceso,
como la estrella al brazo (mano, beso) del hombre.

Y tú, gato de piso, pobre gato,
lo sabes y maúllas con tal alma,
tal desesperación y tanta pena
como si algo tronase en tus instintos,
bocina de un océano de tiempo.
Y temo te disuelvas en protesta,
porque no tienes más salida, gato,
que la que da a la muerte, animalejo,
a poder consumirte, evaporarte,
evadido de ti resuelto en nada,
en ascensión al grito sin respuesta,
porque nadie te asume.

Me das lástima, gato, de mí mismo,
por siempre dulce sombra amurallada.
Tu distancia hasta el hombre,
la que media entre piedras y animales,
es la que va del hombre a Dios,
que como yo a ti, su bestia, me contempla
ronronear plegarias como antorchas
golpeando la nada, piedra inmóvil,
con las manos sangrando y encendidas.

Gracias por tu presencia, gato amigo,
por este bello salto hasta la mesa
donde muero y medito y llamo a voces
dialogando con Dios, tal tú conmigo,
diálogo de silencios.

Eres hermoso sin saberlo, gato,
flor en presentación que no halla verbo
para decir, ni oídos que le oigan, si te enroscas
para moler tu corazón,
como cuando sobre las patas
pides comida acariciando el brazo.

¿Por qué no sigues bípedo, levantas
a tu especie hasta el hombre, a criatura?

Esperas a que llegue a tu prisión, mi casa,
del mundo donde quiero hacer oírme,
y me sigues con trote de perrillo,
y tus maullidos, su ladrar de júbilo,
no son pordiosería, menos hambre,
sino en tu voz favor de compañía.

Demasiado sensible y femenino,
no puedes, pobre gato, aclimatarte
a soledad: temes a tu monólogo,
necesitas caricias y miradas,
algo que te proteja (hombría, encima).

Ahora, frente a frente, te interrogo sin nombres,
y te miro a los ojos para ver qué me alumbras,
porque todo tu resto es cárcel, trapo, máquina.
Tú eres alguien que dentro, de puntillas,
desde un aire de ceros y silencios,
se te asoma a los ojos para ver.

Más que cara, careta de ti mismo
es tu faz sin rubor, máscara trágica
de un ignorado preso que me mira.
¿Qué cara humana, gato, transpareces?
¿Quién te pasa, solemne, un arco al rojo
por el cordaje oscuro del instinto
para que suene tu maullido a selva,
a flauta de madera dolorida
porque no llegó a carne, quedó en árbol,
en sonido que no acaba de hacerse
palabra inteligente con ideas?

¿Quién te convence, gato, para hacerte
de maullido, materia ya sin diálogo,
mudez que ronronea y acaricia
los pantalones, símbolo del hombre,
o salto que hace gracias con un corcho,
jugando tal un niño, y el hocico
rosado de ternura, casi humano?

Cuando maúllas, gato, se hacen llamas
de sangres encendidas estos aires,
y viertes en mi ser un vino oscuro

de ancestrales terrores y luceros,
un resonar de sol y cataclismos.

En el chico pasillo donde mayas
levantas todo un cosmos de siglos y animales
que vuelven a su nada por tu carne,
cuando pasos humanos se te acercan
o te dicen: «*Pichiti*, pobrecito»,
pasándote la mano por el lomo.

Palabras mayores

GASTÓN BAQUERO

EL GATO PERSONAL
DEL CONDE CAGLIOSTRO

Tuve un gato llamado Tamerlán.
   Se alimentaba solamente con poemas de Emily
   Dickinson,
y melodías de Schubert.
Viajaba conmigo: en París
le servían inútilmente, en mantelitos de encaje Richelieu,
chocolatinas elaboradas para él por Madame Sévigné
   en persona,
pero él todo lo rechazaba,
con el gesto de un emperador romano
tras una noche de orgía.

Porque él sólo quería masticar,
hoja por hoja, verso por verso,
viejas ediciones de los poemas de Emily Dickinson,
y escuchar incesantemente,
melodías de Schubert.

(Conocimos en Munich, en una *pensión* alemana,
a Katherine Mansfield, y ella,
que era todo lo delicado del mundo,
tocaba suavemente en su violoncelo, para Tamerlán,
melodías de Schubert.)

Tamerlán se alejó del modo más apropiado:
paseábamos por Amsterdam,
por el barrio judío de Amsterdam concretamente,
y al pasar ante la más arcaica sinagoga de la ciudad,
Tamerlán se detuvo, me miró con visible resplandor de
        ternura en sus ojos,
y saltó al interior de aquel oscuro templo.

Desde entonces, todos los años,
envío como presente a la vieja sinagoga de Amsterdam
un manojo de poemas.
De poemas que fueron llorados, en Amherst, un día,
por la melancólica señorita llamada Emily
—Emily Tamerlán Dickinson.

Poesía completa

GONZALO ROJAS

GATO NEGRO A LA VISTA

Gato, peligro
de muerte, perversión
de la siempreviva, gato bajando
por lo áspero, gato de bruces
por lo pedregoso en ángulo recto, sangrientas
las úngulas, gato gramófono
en el remolino de lo áfono, gato en picada
de bombardero, gato payaso
sin alambre en lo estruendoso
del Trópico, arcángel
negro y torrencial de los egipcios, gato
sin parar, gato y más gato
correveidile por los peñascos, gato luz,
gato obsidiana, gato mariposa,
gato carácter, gato para caer
guardabajo, peligro.

Antología de Aire

A MI CASA LLEGA UN GATO

A mi casa llega un gato,
pero es un gato decente,
pero es un gato decente.
Si yo le tomo la cola
al tiro muestra los dientes.
A mi casa llega un gato.

Este gato romano
que es medio cojo,
si lo tratan de cucho
se pone rojo.
Este gato romano
que es medio cojo.
Se pone rojo, sí,
bajo la parra.
No te juegues con gatos
que tienen garras.

¡Anda a cazar ratones
por los rincones!

Fiesta chilena

RAFAEL MORALES

GATO NEGRO DE LAS DELICIAS

Es hermoso este gato de color de paraguas
mojado por la lluvia.
Miro su desamparo en medio de la calle,
miro su islita negra de terror y de asombro.

Podría tocar la noche y su silencio
si acercase mi mano a su congoja,
sentir entre mis dedos la esperanza de alguien
o quizás a Dios mismo
clamando en este gato,
en este miedo oscuro,
en este gran olvido de los hombres.

Prado de serpientes

EL GATO NEGRO

Ó NIX y jade.
      Lagunas verdes
que fosforecen
en la sombra
del ébano arqueado.
Reposo de terciopelo.
Garra afilada
bajo la nocturna seda.
Elástico resorte
presto para el salto,
desde el perezoso desmayo
de la siesta ronroneante.

Igual que el gato
enroscado
en el sofá de raso
de la alcoba;

en silencio,
ovillado
sobre el tibio cojín
de mi carne,
inesperadamente,
ágil brinca
el deseo,
cuando más dormido parece.

Poemas del alma

GATO GRIS MUERTO

B RUJOS enseñaron que los gatos
pueden alojar almas humanas.

Figura empapada del asfalto o vuelto hacia las nubes,
eres el muerto más perfecto que yo he visto.
Pero cómo descubrir que la vigilia que te llega,
ya indiferente a cualquier invocación,
tu realidad verdadera de hijo del demonio,
de locatario esbelto de almas,
que estableció para tu antepasado africano
la voluntad miedosa de los clanes familiares
y confirmó la impar justicia de la magia.
Pronto vendrán hasta tu cuerpo abandonado
ladrones de velas,
y robarán las tibias, su recatada médula.
Porque es sabido que cuando tales huesos despierten
despertarán las almas en ellas internadas,

y en un pueblo lejano y caníbal,
hombres que trabajan y tienen amores, instantáneamente
    se convierten en estatuas.
Brujos enseñaron que los gatos
pueden alojar almas humanas,
y arañar, si quieren, el corazón del huésped.

Coronación de la espera

ELISEO DIEGO

EN LA COCINA

ENROSCA el gato su delicia
de sí sobre sí mismo, duerme
de su principio a fin, secreto.
En tanto

esboza la penumbra disidencias
de cazuelas y potes, resistentes
al imperio del sueño.
Cae el mundo

por el filo del agua, gruñe
para sí el fuego, pero el gato
lo ignora:
permanece

sencillamente, inmune
a memoria y olvido, a salvo

en la delicia de su ser
—perfecto.

Voy a nombrar las cosas y otros poemas

A UN GATO QUE NO VOLVIÓ

*Poesía escrita por el poeta y escritor cubano en memoria
de un gato que ha cruzado el puente del arcoiris.*

YA no te veré más
durmiendo a gracia suelta:
no volviste jamás
de tu amorosa vuelta.
Con una gata blanca,
mira qué mala suerte:
la gata era la blanca
de la Señora Muerte. La leche está servida,
Está listo el pescado;
tu silla preferida
en vano te ha esperado.
Tu paso era ligero,
tus modales corteses,
y fuiste tan sincero
que me ignoraste a veces.
Me hablabas tú muy suave,

yo nunca te entendía;
mas fue una falta grave
tu enorme melodía.
Llegó hasta el universo,
ira y amor a una,
el eco en el reverso
siniestro de la luna.
Y un encolerizado
te enmudeció en el frío:
no más a nuestro lado
duermes, amigo mío.
Tu cuerpo es hoy la sombra,
las nubes son tus manchas,
y sólo ahora te nombra
el silencio a sus anchas.
La leche está servida,
está listo el pescado;
tu silla preferida
ya se ha desesperado.

Voy a nombrar las cosas y otros poemas

CANTO A BERENICE

Tú reinaste en Bubastis
  con los pies en la tierra, como el Nilo,
y una constelación por cabellera en tu doble del cielo.
Eras hija del Sol y combatías al malhechor nocturno
—fango, traición o topo, roedores del muro del hogar,
  del lecho del amor—,
multiplicándote desde las enjoyadas dinastías de piedra
hasta las cenicientas especias de cocina,
desde el halo del templo hasta el vapor de las marmitas.
Esfinge solitaria o sibila doméstica,
eras la diosa lar y alojabas un dios, como una pulga
  insomne,
en cada pliegue, en cada matorral de tu inefable
  anatomía.
Aprendiste por las orejas de Isis o de Osiris
que tus nombres eran Bastet y Bast y aquel otro que
  sabes

(¿o es que acaso una gata no ha de tener tres nombres?);
pero cuando las furias mordían tu corazón como un panal
    de plagas
te inflabas hasta alcanzar la estirpe de los leones
y entonces te llamabas Sekhet, la vengadora.
Pero también los dioses mueren para ser inmortales
y volver a encender, en un día cualquiera, el polvo y los
    escombros.
Rodó tu cascabel, su música amordazada por el viento.
Se dispersó tu bolsa en las innumerables bocas de la arena.
Y tu escudo fue un ídolo confuso para la lagartija y el
    ciempiés.
Te arroparon los siglos en tu necrópolis baldía
—la ciudad envuelta en vendas que anda en las pesadillas
    infantiles—,
y porque cada cuerpo es tan sólo una parte del inmenso
    sarcófago de un dios,
eras apenas tú y eras legión sentada en el suspenso,
simplemente sentada,
con tu aspecto de estar siempre sentada vigilando el umbral.

Cantos a Berenice

REFLEXIONES DE UN MINISTRO

Qué se va a hacer. Soy Ministro de Cultura,
y voy a una recepción a la embajada tal.
¿Cuál? Para qué decir cuál.
Tal o cual, es igual.
Y de pronto junto a la cuneta, entre el monte
un gato.
Las dos luces del carro prenden las dos del gato.
Quisiera quedarme aquí
para observar mejor este gato,
de qué color es,
(de noche dice el dicho todos son del mismo color)
qué iba a hacer después, cómo
su lomo se iba a mover.
Quedarme junto a la cuneta con el gato
mi gato
fuera mejor
aunque sea un imitador de Marianne Moore

que el ornitologista
que escribió Avestruz
en la Enciclopedia Británica.
Yo voy pensando en el gato y Marianne Moore.
No more:
ya he entrado a la embajada iluminada
y saludo al Señor Embajador.

Poesía completa

ENRIQUE LIHN

A LA MUERTE DE UN GATO
EN MANHATTAN

DE tu famosa selva fuiste, gato
todo menos un tigre en miniatura
te fue ajena la ardilla que se apura
lerdo de huida y comedor de plato.

Ni cascaste la nuez ni hizo tu olfato
la cuenta del peligro o la hermosura
célibe por no oler, todo cordura
tenías celos tristes para rato.

Por un igual del que no viste un ojo
ciegamente tomabas a tu amo
y por su sombra misma te tomabas.

Cualquiera ausencia suya era tu enojo
gato pero mortal, a tu reclamo
acude –sin poderlo– el que llamabas.

Los poemas de Athinulis y otros gatos

EDUARDO LIZALDE

EL GATO

S E sabe legendario y mágico
   Nos mira siempre como a sus inferiores
desde las grandiosas tinieblas milenarias
de Keops o de Karnak, donde era venerado
e inmune a toda terrenal ofensa.

Uno puede admirarlo sobre un mueble mullido
o una consola
sorteando sin romperlos frascos de cristal
y otros endebles ornamentos y espejos,
avanzando entre ellos como un soplo
de seda y fuego.
O bien, podemos verlo sobre el borde pétreo
de un muro en el jardín,
ejecutando largos y estremecedores
conciertos de inmovilidad
con estatuarias dotes sobrenaturales.

Se puede uno topar con él en un estante
—a riesgo de un zarpazo—
confundido entre los bibelotes
de armiño o lana,
o acurrucado en la vitrina de un museo
junto al tranquilo cuerpo disecado
de un felino congénere o cómplice remoto.

En la casa, cuando se halla esculpido
en uno de esos trances de asombrosa quietud,
suele fijar en nosotros, como un dardo,
su gélida mirada
por un tiempo sólo registrable
con uno de esos artefactos fílmicos
de acción continua
aptos para observar el crecimiento
de una planta o una flor.
Sus fosfóricas pupilas
—eso suele decirse—,
son un túnel de luz hacia el infierno.
Uno siente al verlas de reojo
que si intentara sostener la vista sobre ellas
durante dos minutos temerarios

podría llevarlo a enloquecer de pronto,
sufrir algún masivo infarto
o derrumbarse, sangrando por los ojos,
al pie de alguna de esas domésticas deidades.

Poemas

HÉCTOR YÁNOVER

POEMAS CON GATO

Todos los gatos estarán muertos
y yo seré el único gato vivo.

Volveré por la medianoche
arrasando los cultivos.

Vendrás a verme bajo la tierra
hecho un finísimo maullido.

Sólo tu mano me extrañará.
Todos los gatos estarán muertos,
será la paz.

II

Gato del cuento, gato del cuento,
gato que sólo vivió un momento
y se quedó en la eternidad.

Gato sin botas y sin sombrero,
de ti, gato que quiero, ¿qué será?

¿Andarás por el aire verde
y te enredarás de setiembre
y volverás y volarás?

Gato aniñado del poeta
salúdalo desde su carpeta
y ayúdalo a soñar.

III

Ayúdalo gato al poeta,
dale el sueño de comerse el gallo de la veleta,
dale caminos a sus pies.

Y siete vidas llenas de hoces y probetas,
para que sufra las proezas del vivir y del conocer.

Oh gato sin botas, no le abandones,
maúllale desde los rincones, córrelo otra vez.

Quiero verle atareado yendo de uno a otro lado
impaciente y fantástico como le vi ayer.

Gato, te pido, si eres un sueño del camino
vuelve a aparecer.

Dale maullidos, resoplidos, erízale sus sentidos
y hazle creer.

IV

GATO que maúllas, gato que eres bueno
gato que no tienes pluma en el sombrero
gato que me sigues por el mundo entero
qué quieres de mí?

Me sigues de cerca como a una rata,
no llevas espada, ni vaina, ni lata,
mas todo lo que hago lo pruebas, lo catas,
Por qué eres así?

Hay en tu mirada reproche y consuelo,
lo que hago y te gusta lo cazas al vuelo,
lo demás me cuesta cientos de pañuelos,
¿no te irás de aquí?
Gato te prometo que seré muy bueno,
ondeará la risa siempre en tu sombrero,
andaremos juntos por el mundo entero,
quién eres ya sé.

Cazaremos juntos millones de ratas,
llevaremos verbos, creencias, patatas,
haremos un mundo dichoso y si tratas
verás que es así.
Al que se traicione daremos consuelo,
al que tenga sueños le daremos vuelo,
cuando nos vayamos miles de pañuelos
nos despedirán.

Adiós nos dirán.
Adiós sin adiós.
Adiós que es amor.

V

Adiós que es amor para el gato y su acompañante
para el molino distante y para el ver y el creer.

Adiós para los lagrimones que arrancan las emociones
de sentirse solo y querer ser.

Adiós para los templos con ventanas de otros tiempos
donde se siegan los trigos y brilla el sol.

Adiós para los senderos donde anduvieron los guerreros
el buen Sancho y su señor.

Adiós para los cementerios donde descansan los salterios
y los ruegos del corazón.

Adiós para los mortales transitorios y fatales
que creyeron ser eternos y lo son.

Adiós a todos les dicen el gato y su acompañante,
adiós molinos distantes, adiós ver y conocer.

Revista «La danza del ratón» *y Antología poética*

[MUJER, CASA Y GATO...]

MUJER, casa y gato.
Una piedra en la cabeza de la mujer; y en la cabeza
de la casa, una luz violenta.
Anda un pez extenso por la cabeza del gato.
La mujer se sienta en el tiempo y mi melancolía
la piensa, mientras que
el gato imagina la elevada casa.
Eternamente la mujer de la mano pasa la mano
por el gato abstracto,
y la casa y el hombre que voy siendo
son minuto a minuto más concretos.

La piedra cae en la cabeza del gato y el pez
gira y para en la sonrisa
de la mujer de la luz. Dentro de la casa,
el movimiento oscuro de estas cosas que no encuentran
palabras.

Yo mismo caigo en la mujer, el gato
dormita en la palabra, y la mujer toma
la palabra del gato en el regazo.
Miro, y la mujer es la palabra.

Palabra abstracta que se enfrió en el gato
y ahora se calienta en la carne
concreta de la mujer.
La luz ilumina la piedra que está
en la cabeza de la casa, y el pez corre lleno
de originalidad por la palabra adentro.
Si toco la mujer toco el gato, y es apasionante.
Si toco (y es apasionante)
la mujer, toco la piedra. Toco el gato y la piedra.
Toco la luz, o la casa, o el pez, o la palabra.

Toco la palabra apasionante, si toco la mujer
con su gato, piedra, pez, luz y casa.
La mujer de la palabra. La Palabra.

Me echo y amo a la mujer. Y amo
el amor en la mujer. Y en la palabra, el amor.
Amo, con el amor en el amor,

no sólo la palabra sino
cada cosa que invade cada cosa
que invade la palabra.
Y pienso que estoy completo en el minuto
en que la mujer eternamente
pasa la mano de la mujer por el gato
dentro de la casa.

En el mundo tan concreto.

La cuchara en la boca

SAÚL IBARGOYEN

EL POETA Y SU GATO

(a «nuestro» Tango)

Este gato está siempre
bebiendo de su sombra:
cada pelo pequeño que se expande
oscuramente cada finísima lanza
que traslada en los bigotes
son raíces rechazadas por la tierra
moviente que sostiene su cuerpo.
Embebido en la espesa luz
que en todo instante descansa
como un sedimento de otra edad
sobre baldosas y camas y alfombras
el gato mira
con verticales ojos amarillos
la vasija de leche que su lengua transita
al ritmo de una sed rutinaria y rapaz.
Dos breves balones –uno rojo
uno azul– cumplen

órbitas desajustadas
que atraen con la dispersión
de sus brincos
una energía de ligeras garras expectantes.
Bolas de papel deshaciéndose
animales como figuras
de súbita transparencia
colmillos y hocicos con su jugo
de insectos capturados
imágenes asociadas al aire
de las habitaciones solitarias
ruidos y lamentos y hambres y apariciones
de otros gatos sombríos atravesando
cada noche con su ámbito verde
de pulsantes relojes
que no pueden dormir.
Este gato lame la negrura
inacabable de toda piel
se despoja de hilachas de carne
de polvo fragmentado
de caricias humanas
de agudas agresiones
de anuncios soterrados

del frío que vendrá.
Este gato oscurecido
por una doble sombra
se mete en su caja de arena
remueve sus cosas secretas
y la casa gira bajo ese mandato
arrastrando a la densa ciudad
que nada sabe de esa nueva fuerza
transformada en distancia.

Poeta + Poeta

DOCTORADO

PARECE que en Oxford, o esto se asegura,
un *don* poseía un gato, y las leyes de la casa
lo prohibían, aunque no poseer un perro;
así que, considerando la ley y un tal amor por el felino,
tras cinco horas de debate académico encendido,
se decidió nombrar *Perro Honorario* al gato,
y se extendieron acta y título. ¡Dios mío!
Yo querría tener así un doctorado *honoris causa*
de Mirlo o Cuco, por ejemplo.
¡Poco iba yo a pavonearme!, y Oxford
tendría a un pájaro de cuenta.

Elegías menores

TULIA

HASTA el tibio reposo de mi sueño te alzas,
ojos gualdos abiertos que saben mi costumbre:
te precede tu tacto y me roza tu aliento.
Una puerta se entorna a merced de la noche.
Me despierto de pronto y contigo comparto
tu impasible, felina quietud sobresaltada.

De la llama en que arde

MAROSA DI GIORGIO

HABÍA TRES GATOS

HABÍA tres gatos que no eran silvestres ni caseros.
Vivían en la bodega.
La bodega estaba lejos de la casa.

Yo iba hasta allá cuando las amas andaban cortando
    ajíes, que son de tul verde con
el coágulo rojo dentro.
La amatista… brilla la pata de turquesa de que penden.

De esos gatos se dijo que comían mariposas y algo más
    absurdo se dijo… que
comían moras.
Pero yo nunca lo comprobé.

Estos gatos eran llamados los indios.
Al verme, cada uno trepaba a un árbol y me miraba.
Así yo era observada desde tres lugares diversos.

Un día, uno de los gatos tuvo para mí intenciones
    sexuales y yo huí a través de los
ajíes de encaje y él volaba y caía a mis pies y volvía a
    volar y a caer a mis pies.
Me siguió en la larga caminata demostrando a cada
    instante su poder supremo e inútil...

Los papeles salvajes

RAFAEL ALCIDES PÉREZ

SOLO DE GATOS

ESTE gato está pidiendo amor.
Maullando llega, levanta la cola,
se arquea como un joven guerrero,
se aplana contra el piso, se tiende
boca arriba con la sinceridad
de quien ya ha perdido la vergüenza,
da vueltas, no deja de maullar
y se va, por fin se va
sin que le hagan caso.

Yo también maullé a lo largo
de mi vida, señor gato. Yo también
levanté la cola; yo también
me contorsioné como un acróbata
en su noche de debut; yo también
me aplané contra el piso
hasta ser una alfombra

volando en los cielos de Simbad.
Yo también,
fui payaso, telépata, electricista,
príncipe desterrado que arregla cocinas a domicilio
para olvidar, y al cabo yo también
me marché sin que me hicieran caso.

Es el destino de esta ciudad.
Acostúmbrese. (Está escrito.)
En overol de herrero
o con fanfarrias de monarca,
por los siglos de los siglos
pasarán los moradores de este lugar
maullando igual que usted.

Memorias de un soñador

JOSÉ EMILIO PACHECO

GATO

Ven, acércate más.
Eres mi *oportunidad*
de acariciar al tigre
—y de citar a Baudelaire.

Alta traición

DUERME

D UERME a
Mi lado
El gato:
No duerme
Se desvela:
Vigila
Mi vigilia
Y empieza
El ronroneo
Que me dice:
Te quiero
Te soy
Entero
Tuyo
Presto
Como
Una estatua

En Memphis
O en el
Valle
Sagrado
De los muertos.

Oh gato
Qué filósofa
Tu posición
Altiva:
Custodias
Mis fantasmas
Los exorcizas
Todos
Y me das
Esa calma
Que sabe
A ronroneo.

Poemas para un gato

MAÑANA BENDITA

QUÉ mañana
maravillosa
de diciembre.
            El sol en la cocina
y en el fuego el café borboteando.
Tanta felicidad que incluso el gato,
surgiendo de las sombras del pasillo,
de un salto jubiloso
se ha encaramado en el alféizar
de la ventana,
moviendo el rabo
y acechante,
como si de verdad olfateara
las alondras en vuelo que brotaban de mi boca,
la elevada fragancia de mi canto.

La pérdida del reino

EL GATO ATRAPADO

En el silencio de la noche
sofocante de agosto, el agudo maullido,
insistente, de un gato,
seguramente muy pequeño, atrapado en algún
lugar del almacén desierto,
nos persigue y perturba nuestro sueño
como una oscura culpa inmotivada.

Por la mañana, sorprendentemente,
como si fuera un día
de fiesta, el almacén permanece cerrado,
y el maullido del gato, llamada perentoria,
sin los habituales ruidos
de la carga y descarga de camiones,
suena claro y afilado entre la indiferencia
y la inútil piedad de los pocos vecinos
que no se han ido aún de vacaciones.

Resonará en la siesta, vibrante todavía,
y luego, poco a poco, el chillido punzante
de su queja se irá debilitando
y distanciando su frecuencia.

Y sonará un silencio ominoso de alivio.
No sólo el enigmático
azar, no sólo del vivir
el mal inevitable: un creciente
desasosiego, malestar
de la conciencia por estarme quieto,
pasivo, resignado.
                    Vergüenza de ser hombre
y no precisamente de los mejores.

La hora del jardín

EL GATO

Estoy esperando la vuelta del gato desconocido
que cruzó el alféizar de mi ventana.
El alféizar corre a lo largo de varias ventanas. No tiene
otro camino. Volverá
y esta vez mi imagen le será más cordial.
Pasó arrogante como un bello inmortal. Los gatos ignoran
la contingencia de los torpes,
tropezar y caer.
Miden tan bien sus pasos cuando cazan o fugan, y nunca
nunca cara de extraviados. Así nos infunden en la mente
su propio mito.
Y los mininos de viejas no los contradicen
porque gato es gato, dignísima fiera cuando la vieja duerme.
Los gatos son peligrosos para la poesía, pronto
acumulan adjetivos, mucho provocan, mucho seducen.
Por eso no espero limpiamente la vuelta del gato,
la mucha belleza me hace siempre perverso. Y digo:

está caído en la vereda, inmóvil, dirigiendo
hacia mi altísima ventana
su última y fosforescente mirada.

Poesía completa

GATO

PAVOROSA inocencia la de este
que junto a mí dormita. Nada sabe
de su breve pasado y su futuro
incierto en todo, salvo en una cosa:
también él morirá. Saca las uñas,
se pasea por casa, sigue atento
cuanto pueda moverse, y ahí termina
su actividad de augur. (Tiene la panza
repleta y no le pide correr riesgos
para poder vivir). De tarde en tarde,
cuando se pone algo melancólico,
traza curiosos signos que no siempre
consigue descifrar. Entonces, pobre,
para animarle un poco, ronroneo.

Historia antigua

PUREZA CANELO

GATO EN EL HUERTO

S OBRE la leña
donde dormitas soy.
La hora de un suspiro
plegado al mundo,
oración sin nombre
encabalga el otoño.

¿Vives?
¿Está tu alma
en remolino
de voladoras hojas
que hacen los ocres
a tu lado?
Si vives, yo vivo.
Hermano de mis ojos
dominador del huerto
en la tarde.

Y el cielo, ¿vive?
¿Cuál es su señal
donde las aves
no entienden el sonido
de los que levantamos el rostro
para auscultar ese cielo
que abajo nos ovilla
sobre la leña, junto a la vid?

Contigo hago oración
en los suelos.

Dulce nadie

GATO

Un gajo de pasillo
dorado por el sol
de invierno, una quietud
de silencio y calor
y el gato arrebujado
de sueño en el rincón:
una bola de pelo
blando y cálido. No
se oía ni una mosca
en toda la región.
Alejado del mundo
en mi beato sillón,
con el sueño del gato
casi me duermo yo.
De pronto, sin ninguna
aparente razón,
el gato abrió sus ojos

de color de limón,
movió una oreja, se
puso en pie, bostezó
con todo el cuerpo,
como solo los gatos lo
hacen, se dio la vuelta
muy digno, levantó
de una forma insultante
la cola y se marchó,
sin despedirse, hasta
la próxima ocasión.

6-III-2011
Átomos y galaxias

EL GATO

MAESTRO en el sueño y en el salto,
el gato es una fiera bajo techo:
una chimenea.
Su piel y su dormir
son las llamas y el humo.
En el interior de las horas,
en la profundidad de los minutos,
en el último rincón,
no hay partículas de tiempo:
hay sólo un gato dormido.
Como los ojos por el fuego
paso mis dedos por su piel.

Circo poético. Antología de poesía
mexicana del siglo XX

GONZALO MILLÁN

VIDA DE PERROS

Los gatos se agazapan
entre la floja maleza
del jardín maloliente
por el gas de los escapes;
saltan y acezan chillando
sobre sus gatas.

Después entran
por su plato de leche;
se limpian a lentos
lengüetazos el pelaje,
se van por las murallas
o échanse en los trapos.

Yo les paso largo rato
la mano por el lomo
y los envidio siete veces.

Vida

MI GATA LUNA

Tenía una gata de nombre Luna,
era de plumas de ruiseñor,
sus ojos eran de vidrio verde,
su hocico negro de cartón.

Murió mi gata de angora blanca,
murió mi trozo de ilusión,
y entre cuatro la llevamos
envuelta en paño de algodón.

Cavé un hoyo detrás de un chopo,
con mi cuchara y mi tenedor,
la he cubierto de arena fina,
y un crisantemo en flor.

La he rezado un padrenuestro
y he llorado mi último adiós.

Que sola muere mi gata Luna,
que sola y triste vivo yo.

Cancionero

LUIS JIMÉNEZ-CLAVERÍA

OCHO PREGUNTAS A LOS GATOS

¿Por qué me acerco a vosotros
        monjes agoreros de la noche
    ojos
            heridas de luz
piel
            manto fugaz
e intento acariciaros
con mis siniestras uñas sedientas de huida?

¿Por qué os miro como
    helados gemidos de rasgado silencio
    como sueños despiertos y dolientes de frío
    hastiados de la noche y de
    las tejas bañadas por la luna?

¿Por qué busco vuestro
    fugitivo contacto

vuestro mirar de cíngaros cuchillos
la astucia y el sigilo en vuestras colas
por qué busco por qué busco?

¿Es que acaso
    en el palacio derrumbado de esta noche
    tengo asiento entre sus yertos escombros
    y soy una sombra más
    que se funde
    con la negra alfombra de vuestros pasos?

¿O quizás
    mis ojos son también
    dos verdes dagas de neón
    que con impaciencia arañan
    el cerrado postigo de mi hogar?

¿Me muevo como vosotros
    peregrino perezoso por un mar de techos
    rozándome dulcemente con ritmo de mazurka
    contra vencidas y ojerosas chimeneas?

¿Mastico la calma perfumada de la noche
ebrios mis músculos de felino cansancio
y me deslizo como un trozo de ardiente
sombra
bajo las humeantes farolas del olvido?

¿Ser hermoso y triste y leve
y cuajada mi piel de suavísimos misterios
y en mi boca recóndito anida
el piadoso temblar del cielo?

No
Desgraciadamente
no soy uno de los vuestros

Los gatos

REFLEXIÓN PICTÓRICA SOBRE LOS GATOS

Amadeo Modigliani no debió pintar
muchachas de blanca porcelana
    o jóvenes de rostro soñador y retraído
Envuelto en las sombras desfallecientes de su estudio
    amigo eterno de la luna
iluminado por las plateadas lámparas de la muerte
    sólo debió pintar
negros gatos de invernal belleza

Los gatos

ALEJANDRO DUQUE AMUSCO

A JUNO

Para Irene

NADIE osaría acariciar tu lomo de reina indiferente,
con tu porte de ingrávida criatura que a otra
esfera más elevada y grácil te conduce, majestuosa,
displicente, altiva.

Desde ahí, oh soberbia, con paso sigiloso vas dejando en
el aire tus agrisados y flotantes copos
y una mirada de desdén arrojas a las sombras que somos
para ti.

Tú sabes, lo adivinas, que venimos de una estirpe de
esclavos que han perdido su luz
y encadenados viven por el dolor que llega al nervio frío
de las cosas.

A tu lado pasamos, nosotros, en tinieblas,
mientras tú te mantienes en brazos de un día eterno,
    ronroneando imperturbable y bella. Sueño y quietud.

Oh hermosa Juno, estatua viva, emblema impenetrable,
    cerrado jeroglífico,
haznos vivir en tu veraz dominio, donde todo se exalta
    y se entreteje al Todo,

primer Arcano y el Enigma final.

Inédito

RAGDOLL

¿Qué te sucede, gata huidiza, muñeca blanda de flotantes
   copos, que cada día te veo más distante?
Ya no vienes a verme, zalamera, cada mañana hasta la
   cama, mi despertar no tiene tu alegría,

ni te dedicas, con tu ágil pereza a atrapar moscas
para dejarme una, como obsequio de amor, sobre mi
   almohada.

¿Por qué, mi reina desdeñosa,
pasas las noches maullando y arañando la puerta de tal
   modo que no me dejas conciliar el sueño?

Después, de día tú duermes, hierática belleza.
O cruzas presurosa entre mis piernas como estela que huye.

Con tu insolencia me haces comprender
que una gata *ragdoll* es el difícil arte

de mostrarse rebelde y atractiva,
de ser arisca y que a la vez te amen.

Inédito

OTELO, MOSCA Y GLORIA

Había una vez dos gatos persas que se llamaban
Otelo, como el moro que estranguló a
Desdémona,
y Mosca, igual que el pícaro criado de Volpone.
Los dos eran de un negro subido, como bolas
de azabache o así, y tenían los ojos
azules, de un azul eléctrico y celeste
que no era de este mundo. ¡Qué fácil parecía
para Mosca y Otelo la difícil tarea
de estar vivos! Ni un músculo se les movía cuando
se quedaban dormidos, y no se adivinaba
en su sueño el más leve recelo, la más mínima
inquietud, la menor angustia. Eran felices
porque estaban al cabo de la calle, de vuelta
de todo lo que puede amargarles la vida
a dos gatos como ellos.

Lo que más les gustaba
a nuestros dos minúsculos tigres era posarse
en el tibio regazo de su dueña, una niña
que se llamaba Gloria y que emanaba gloria
por los cuatro costados. De manera que Otelo
y Mosca se pasaban la vida ronroneando
por ella y para ella, como dos zascandiles
partidarios del *dolce far niente.*

La muchacha
se dejaba querer y soñaba que Mosca
y Otelo, más que gatos, eran dos caballeros
a los que alguna Circe había reducido
al estado felino, porque Gloria leía
sin parar esos cuentos fantásticos en los que
todo puede ocurrir, y era muy natural
para ella que hubiese gatitos disfrazados
de héroes, como podía haber leones parlantes,
dragones voladores, sirenas o vampiros.
A sus casi once años, Gloria estaba segura
de que aquellos dos gatos eran sus paladines
y de que, si no había más remedio, darían
la vida por su dama (que, por cierto, era ella).

¡Qué estupendo triángulo amoroso formaban
Gloria, Mosca y Otelo: ellos ronroneándole
a su niña adorada, ella loca por ellos!

Pero el tiempo pasó, que es lo que siempre pasa,
y Gloria fue perdiendo su condición de niña
gloriosa y convirtiéndose en una damisela
curvilínea, pragmática y adicta al maquillaje.
En cuanto a Otelo y Mosca, fueron envejeciendo
poco a poco, sin prisa, pero también sin pausa,
y en sus ojos azules ya no había aquel brillo
que no era de este mundo, y turbaban sus sueños
terribles pesadillas, y ya no eran las bolas
de luciente azabache que fueran el orgullo
de su dueña y la envidia de todas sus amigas
cuando los dinosaurios habitaban la Tierra.
El día en que murieron,
Gloria no estaba en casa.

Sin miedo ni esperanza

JAVIER SALVAGO

COMO SE QUIERE A UN GATO

AMAR a las personas
como se quiere a un gato:
con su carácter y su independencia,
sin intentar domarlo,
sin intentar cambiarlo,
dejando que se acerque cuando quiera,
siendo feliz
con su felicidad.

Una mala vida la tiene cualquiera

ZOMBI, MI GATO NEGRO

Que trae mala suerte, dicen del gato negro.
Para mí fue una dicha que llegaras, pequeño,
negro como la noche, cálido, suavecito,
a vivir con nosotros como el más consentido.
Aunque fue algo traumática la primera impresión
—yo entonces de los gatos tenía mala opinión,
por no llamarlo fobia, desconfianza o miedo;
no era, en el fondo, más que desconocimiento—,
desde que me ganaste no imagino vivir
sin verte, sin oírte, sin tus caricias, sin
esa forma tan tuya de hacernos compañía
como si no estuvieras, pero que tanto abriga.

Cómo vivir sin ti durmiendo en mi regazo
mientras leo o escribo, y sin tus arañazos.
Si supieras lo mucho que has templado esta casa,
las malas vibraciones que has ahuyentado, tantas

tensiones relajadas con un meneo de cola
o poniendo esas caras tan engatusadoras.
Las mejores sonrisas de estos años te debo,
y solo tú consigues que despierte riendo.
Para mí es un orgullo que comas de mi mano
y que me consideres abuelo, padre, hermano…
Alguien de tu familia de quien fiarte, a medias,
porque tu confianza total jamás la entregas.

Ni siquiera sospechas lo importante que eres
—aunque sé que los gatos lleváis en los genes
el recuerdo tatuado de un pasado divino—,
pero sin ti esta casa no sería lo mismo.
Le faltaría todo lo que de ti la llena:
tu genio, tu elegancia, tu gracia, tu inocencia,
esas miradas brujas, fijas, como si vieras
en la penumbra cosas que solo tú detectas,
tus andares de sheriff o de fiera al acecho
—tan cómicos—, tu orgullo, esos sustos tremendos
que nos das si te escondes en un nuevo escondrijo
y nos desesperamos temiendo que te has ido.

Friolero, dormilón, pasota, independiente,
pero también mimoso y tierno, cuando quieres.
Quién podía pensar, cuando os temía tanto,
que un día giraría mi vida en torno a un gato,
que llegaría a casa con la ilusión de verlo,
que sería feliz si él estaba contento,
que dormiría tranquilo viéndolo sano y fuerte,
que no soportaría la idea de su muerte,
y que mi buena suerte —el tópico es un cuento—
fue el día que entró en casa Zombi, mi gato negro.

La vejez del poeta

ALELUYAS DEL ORDENADOR Y EL GATO

A Zombi, mi gato

Quién me iba a decir a mí,
cuando empezaba a escribir,
que acabaría escribiendo
poemas en un invento
que te conecta en segundos
con el mundo y sus submundos
y pone todo el saber,
con solo un lance de red,
a tu alcance y a tu antojo.
¡Prodigio maravilloso!

Pero es más extraordinario,
por increíble y por raro
—dada la escasa empatía
que entre nosotros había
en aquella fiera infancia
de arañazos y pedradas—,

que yo escriba con un gato
dormitando en mi regazo.

La vejez del poeta

HAIKUS

Aunque saltó,
el gato no logró
cazar la tórtola.

*

Frío sardinas.
El gato en la cocina
ronroneando.

*

El abejorro
a un lado del cristal.
Al otro, el gato.

En la penumbra,
el crujido del mimbre
que araña el gato.

*

Limpiando el polvo.
Con qué fijeza el gato
mira el plumero.

*

Juegan los gatos
en la cama deshecha.
Día de fiesta.

*

Sobre la alfombra
una línea de sol
y, encima, el gato.

SE lava el gato
mientras el sol de marzo
lame su cuerpo.

*

LLEGÓ el calor.
Persiguiendo a las moscas
saltan los gatos.

*

CEREMONIOSO,
el gato culebrea
hacia la siesta.

La enredadera

SER REY DEL MUNDO

Los gatos
callan en prosa,
aúllan en verso.

*

Con qué desdén
me mira el gato
de mi vecina.

*

Enséñame, maestro,
a no hacer nada.
Soy mal discípulo.

CÓMO le gusta
al sol de invierno
acariciarte.

*

CALLAS, conmigo
y te alejas de pronto
sin un adiós.

*

ALGUNAS noches
tú te quedas en casa.
Yo un gato en celo.

*

LA luna y tú,
qué buena pareja.
Tan cerca y lejos.

Tiembla el misterio
cuando tú pasas
sin decir nada.

*

¿Ser rey del mundo?
Qué poca cosa.
Quién fuera gato.

De la revista/póster
Art, Books & Cats

RECICLANDO

C UANDO papá en un ataque de rabia mató al gato,
a mi gato Bartolo
porque metió la cola entre su caldo
y porque ya era viejo y no cazaba como debía ratones
y además era caro mantenerlo,
cuando papá borracho lo mató con sus manos,
hubo una gran algarabía en casa.
Vinieron todos, todos;
mi hermana dijo: guárdenme los ojos
para un par de zarcillos, y Martino,
nuestro vecino, se pidió las tripitas
—sirven para hacer cuerdas de violín—
y mi mamá, que al principio lloró, lloró conmigo,
quiso la piel
para ponerle cuello a su chaqueta,
y los bigotes
se los pidió mi hermano Eladio el que es mecánico,

y los cojines de sus patas fueron
lindos alfileteros
para la bruja gorda que vive atrás del patio
y es modista.
Lo que sobró lo hirvieron con sal y con cebolla.
Se lo dieron a Luis, que duerme en nuestra calle,
pues también sirve el caldo de gato para el hambre.
Yo me pedí los huesos.
Uno a uno los muerdo delante del espejo de mi hermana
porque dijo mi abuela
que al morder el que toca se vuelve uno invisible,

y eso quiero.

Tretas del débil

JON JUARISTI

DE GATOS Y UNICORNIOS

A Mariapía Lamberri y Aurelio González

D E gatos y unicornios Aurelio y Mariapía
han poblado su casa y de otros monstruos varios
que dejan en la tarde la paz de los bestiarios
y en ellos se recogen apenas rompe el día.

Unicornios aztecas de mirada bravía
y, sin embargo, tiernos, tranquilos, sedentarios.
Pacíficos y dulces seres imaginarios
que trotan por la alfombra con lenta gallardía.

Hay dos gatas de ilustre estirpe y apellido
que rumian silenciosas sentencias del Avesta
y aguardan impacientes el regreso de Arturo.

Y una perra de triste linaje indefinido
con alma de pintora romántica y funesta.
Yo llamaré a esta casa *Il Medioevo Venturo*.

Suma de varia intención

PSICOPOMPOS

A Ramón Saizarbitoria

Mis gatos, Umbra, Nébula
y Penumbra (el Autóctono Cojuelo),
conducirán mi alma hasta Shéol,
a través de la noche unánime de Borges.

Conversaré con ellos,
cortejo de rabinos circunspectos,
lo que dure el desfile solemne de mi alma,
libre de su prisión volando al cielo,
hacia algún fulgurante casoplón eternal
o a la nada, tal vez,
como si nada.

Sépase que hablaré muy seriamente,
en las lenguas de gato de los muertos,
con mis tres gatos, bajo las estrellas,

a ver si me confirman
que nunca abandonaron el Edén

(y, mientras tanto,
como exige el colegio oficial de psicopompos,
al mundo y a sus pompas, que les den).

Saldos de fin de temporada

JAIME SILES

EL GATO

A Juan Bonilla

E L gato mira
como miran los gatos:
un ojo al infinito
y el otro, desviado.

Por sus pupilas pasan
sombras, luces y años
de un tiempo siempre
haciéndose acabando.

Retienen el instante
sus paralelos iris simultáneos.
Genera su sentido
el rápido silencio de sus pasos.

Más allá de sus ojos nada existe.
Más allá de su mente todo es páramo.

La realidad metafísica del gato
cruza la cuerda floja del verano.

Doble fondo

EL GATO ME ESPERA CADA NOCHE

No puedo yo decir la belleza de sus ojos.
Afilados, arrecian la tormenta grande.
Mansos, hablan de una tarde de limosna.
Ninguna mayor aceptación del destino,
ninguna más pura caridad de muerte.,
ninguna otra llamada a la piedad del sinsentido…
Los ojos tan dulces como la agonía,
tan celebrados y lejos como el amor.
Ojos de aquiescencia, de voluptuosidad o de ternura.
Ojos que dicen: No sé por qué muero o vivo.
La guadaña me tronchará, pero no explicará
—no podrá explicar— el milagro. Los ojos
asolados de tanta intimidad, de tanta luz,
de tantos recodos de caricia. Ojos de inmortalidad
que pueden sólo hablar de un adiós eterno…

Los gatos príncipes

DE UN GATO NEGRO
(a la manera de Richard Eberhart)

Un día como es hoy de febrero, cerca del by-pass
   tropecé con un gato que yacía muerto en el
sardinel de la vía.
Muerto estaba porque al moverlo con mi pie
no era más que un gato atropellado por algún automóvil.
Pensé en las siete vidas del gato, en Soren Kierkegaard:
(un angora nigeriano que teníamos en casa y que se la
      pasaba
horas de horas haciendo rodar una pelota de ping-pong
      sobre las escaleras).
Allí tristemente en el cemento, la sangre felina.
Era raro, pues, tuve pena.
Yo que siempre había detestado a los gatos.
Me fue difícil entender a la feroz naturaleza.
Una semana después cuando volví a ver el cuerpo del
      animal
examinando muy de cerca los gusanos

y el calor hirviente de su cuerpo

en cierta manera con asco y de otra con extraño amor.

Hurgué en la masa con mi Parker. Sentí la náusea.

Y la verdad es que seguí hurgando como si tratara de
    hallar algo:

la inocencia tal vez preguntándose lo qué es la vida, la
    muerte.

Y ante mis ojos solo el gato.

Pues mi Parker no había hecho ni bien ni mal.

Entonces algo confundido, me fui a leer un texto de
    Marcel Granet

tratando de olvidarme del asunto, de no pensar más en
    la podredumbre

hasta que creí haberlo olvidado.

Pero no, tres meses después

regresé al lugar, para ver

cómo el gato había desaparecido con el tiempo:

solo una mancha de petróleo y unos huesos dispersos.

Todo había perdido significado.

Adiós gato, no más asco, no más extraño amor.

—Era en mayo, el otoño, la vida otra vez frente a la
    muerte

como aquel árbol en el jardín al borde de la autopista:

radiante, listo para ser estrellado por algún loco
  automovilista.
Y allí sólo la mancha amorfa y los huesos del gato que
  se parecen
a las esculturas de Jean Arp o tal vez a los diseños de
  Jorn Utzon.
Ahora que ya han pasado dos años, y ya no quedan ni
  rastro del gato
hoy, que nuevamente es febrero, algo me detuvo al
  pasar por aquel mismo lugar.
Era Arnold Shoenberg y su Verklarte Nacht.
Me acordé de Ezra Loomis Pound en el sanatorio de
  Saint Elizabeth.
De Robert Desnos en Auschwitz. De Alain Resnais y
  de su filme Nuit et brouillard.

Avistar

REINA MARÍA RODRÍGUEZ

POSESIÓN

No confirmo haber regresado, o haber estado allí.
mi viaje mental puede ser
la posesión de un recuerdo que ha insistido
sobre mí. (siempre estuve en los ojos del gato
y sé que él me miraba. reflejada,
no he podido moverme de los ojos del gato).
engaños son esos misterios del tiempo
degradándome a una memoria comprendida.
ahora sé que estoy aquí, frente a las luces
del árbol. he comprobado la diferencia en los objetos
y ellos pretenden también engañarme.
en una reproducción de mi necesidad de estar anclada.
en ti, en ellos.
me encojo esta noche de lluvia,
y no confirmo nada.
me importa la fijeza, el bordado de esa pequeña rama
en la hoja más verde.

porque el mundo cabe en los ojos del gato,
de un gato, de ese gato,
que al olerme determina mi lugar.

En la arena de Padua

[*UN GATO ES UNA ESTRATAGEMA...*]

Un gato es una estratagema, lo mismo que ese beso nunca dado, que esa guerra a dos frentes, que ese lugar del cual olvidamos sus nombres. Por eso entre sus ojos renacen las preguntas, el color de los vientos desmaya allí, olvidado, y sólo flota el verde, el azul de otros cielos, el fruto anaranjado de su cara, como media respuesta, lunar, que va creciendo a la par que su astucia. El gato parpadea y el otoño le vuelca las tinajas para que escarbe en ellas y halle la razón, la sin igual razón de su nomenclatura. Porque el gato es astuto y esconde allá en su pecho toda vivencia humana y enumera hasta el sitio donde asomó a la vida (como si fuera a veces esa raspa mediocre que puede hasta tragarse), porque el gato es un dios para los más menudos, un dios que prorratea las noches de otras vidas y les brinda clemencia y les disputa el hecho de cruzar las aceras, siendo o no de su agrado, de desnudar sus cuerpos en las horas difíciles, como animales parcos, sedentarios o móviles. Porque el gato es el viento, netamente es el viento barriendo los portales. Es el punto intermedio entre el hombre y la caza. Es la raya partida que no advirtió la presa. Es, siendo equidistante, un salto que se amplía, unos ojos que crecen hasta abarcar el mundo y el mundo se les cae por su falta de lógica. El gato es esa fuerza que tienen los ovillos. Ese cuadrado elástico transformado en oval. La sinrazón del tiempo, cuando yace vencido por su métrica exacta. El gato a cuatro patas mantiene el equilibrio. El gato a puerta oscura jamás será rampante.

Inédito

GATO

Lejos del verbo y lejos de la idea,
fatal en los designios de su especie,
sin nada en él que ame o que desprecie
por el mundo de Euclides se pasea
el gato, lenta, sigilosamente,
simulando pensar; o salta a un lado,
por súbitos impulsos acosado,
a mi dicha o mi pena indiferente.
¿Cómo verá este trágico teatro
que es para mí temor, ventura, enojos,
él, que ni sabe que son dos sus ojos,
dos sus colores y sus patas cuatro?
Bajo resurrecciones y agonías,
él es la eternidad, yo soy los días.

Una sonrisa en la oscuridad

EDUARDO JORDÁ

TONTO Y YO

LLEGAN los nubarrones desde el sur,
lentos como un cortejo funerario.
Huele a heno empapado. Y el sol último
se dispone a decir adiós:
un viejo actor que olvida sus papeles,
ampuloso, gritón, histriónico,
con los dientes postizos,
sin público ni aplausos.
Estoy en la cocina. Y frente a mí
se ha echado Tonto, un gato vagabundo.
Nadie sabe de dónde viene.
Siempre trae arañazos,
le quitan la comida,
las hembras lo desprecian.
Es abúlico, lento, torpe, pero quizá
yo no haya conocido nunca a nadie
que sea tan feliz.

Tonto se ha recostado en el alféizar
de la ventana, lánguido, caprichoso,
como una cortesana en su diván
después de despedir a su teniente
joven y jugador y perfumado.
He fregado los platos. He limpiado la tetera.
Tonto bosteza, mueve un poco la cabeza, vuelve
a echarse sobre la madera
mellada y muy sufrida,
pero tibia aún, y acogedora.
Las nubes han llegado ya a la casa.
El sol desaparece. Miro
a Tonto, y a las nubes, y a la hierba
que se deja rozar por los espíritus
del viento y de los cuervos.
Pero Tonto me mira de repente.
«¿Adónde ha ido la luz?», pregunta.
«¿Por qué no me dijiste
que esta felicidad
iba a durar tan poco?»

Mono aullador

RAFAEL ADOLFO TÉLLEZ

LOS VIEJOS GATOS

LA noche los trae, de lejos, al ruinoso
caserón
y miran, recostados en el suelo, la llama
que tirita en el candil.

Nosotros comemos nuestros platos,
sentados a la mesa
en la que padre, con su traje rugoso,
alza pensativo la cuchara.

No son de esta tierra
aunque suban ahora del arroyo
y en sus lomos traigan sones silvestres,
matorrales...

Los gatos portan en su piel el oro
de otros mundos.

Bajo las vigas recias del techo
duermen,
en un recodo en sombra.
Tal vez, oyen aún las viejas lluvias.

Los viejos gatos regresan, pordioseros,
como nosotros,
donde antes, sin tardanza,
les servíamos, en cuencos de barro,
un poco de leche.

Pero, no sienten piedad alguna.

Sus maullidos resuenan aún acá
o en otra parte.

Nada con que volver

PARA LA GATA JUEVES

Contigo dos más dos
a veces suman cinco y otras tres,
hermana de un reloj
—tic tac tic tac tic tac—
que oyes en la pared.
Mirando en la ventana
me preguntas si es
verdad o mentira
las cosas que se ven.
Y por más que miramos
tampoco yo lo sé.
Las horas, los relojes
—sean las dos o las diez—
los ha inventado un viejo
malandrín de un traspiés.
Lo más seguro es
que si cruzo el pasillo

tú estás entre mis pies
mordiendo mis cordones,
siempre en medio ¡hay que ver!
porque te llamas Jueves
y algo tendrás que hacer.
Te nombro capitana de la dicha
y de todas las cosas que no sé.

Inédito

RAMÓN FERNÁNDEZ-LARREA

HISTORIAS DE LOS GATOS

A la hora de lamer encendidos
como un motor fuera de borda
confundiendo sus ojos con el amanecer
lamiendo ríspidamente rompiendo el silencio
saben qué son las escaleras
no bajan la cabeza
no inclinan el color porque conocen los muros
miran las lunas desafinando

esta gata de menos de un pie
que se acomoda limpiamente en un zapato
busca a su madre busca a dios lame
los dedos que le doy busca a su madre y la mía
negra de madrugada que nos cae
hasta estornuda sin calostro

a la hora difícil se ríen del payaso
que inventamos para cubrirnos el rostro
cuando alzan el cielo te están mirando
beben desde la luna cuando tú tienes sed

la gata negra que viene junto a mi sien
abre sus dientes de diminuto hombre
sabe que soñé siempre panteras
y lo aprovecha de asteroide hirsuto

no canta no hace caso tiene un muro
en la memoria de los cinco sentidos

no dice buenos días está
sólo está
alza las patas
a la sombra total de la luna.

Si yo me llamara Raimundo

KARMELO C. IRIBARREN

EL GATO DE LA MALA NUEVA

UN gato negro mirándote
desde el alféizar.

Viene de la noche
de los tiempos,
como tú;

te informa
de que volveréis
allí.

Ola de frío

EL GATO

Un gato negro, súbito,
en mitad de la acera, mirándote.
Hace solo unos segundos
no estaba ahí,
ha aparecido de repente,
todo nocturnidad y alevosía.
Sigues andando y no se mueve.
El lomo se le eriza.
Te paras, cruzas la calle
y retomas el camino hacia tu casa.
Pero el gato sigue ahí, en tu pensamiento,
y no deja de mirarte.
Al poco, inquieto, te preguntas
si no será una señal.
La luna observa y calla.
Se lo tiene que estar pasando bien.

Las luces interiores

«ANTONIO MACHÍN»

S E presentó una tarde. Entró por la puerta cuando estábamos en el patio y enseguida supe que iba a quedarse con nosotros. Como era negro como esos teléfonos viejos que había antes en las oficinas, decidimos llamarlo «Antonio Machín», como homenaje al cantante cubano de los angelitos negros. Con ese nombre le hicimos su cartilla y lo llevamos a la veterinaria, para vacunarlo y quitarle las pulgas.

Machín era negro, pero sus ojos eran de un verde infantil, ambarino, sabio, acostumbrado a mirar mucho a las estrellas en las altas noches de San Pedro. Se quedó en la casa y tras unas cuantas peleas sonadas fue aceptado por los otros dos inquilinos, «Boli», una vieja de quince años –más de setenta años humanos–, y «Valentín», un adolescente que lleva ese nombre porque lo recogimos el día de los enamorados.

«Antonio Machín», mi gatito negro, ha muerto estos días atrás de alguna cosa respiratoria, y yo quiero aquí dejar por escrito mi dolor. Lo he enterrado junto con «Chavo», «Miko» y «Fira», otros gatitos nuestros que ya se fueron. Me gustaría que si algún día alguien descubre esas tumbas alineadas, no piense que la piedad con los animales es una moda pasajera o una distracción de desocupados, sino que sepa que se puede amar a un gato, a un perro, a cualquier cosa que tenga ojos y nos mire desde su propio estupor.

Estos días nuestro poeta Antonio Murciano me ha regalado un ejemplar de una selección de sus nanas que ha recopilado la estudiosa María del Carmen García Tejera. Influido por la lectura de tan entrañables nanas me he atrevido a perpetrar éstas dedicadas a mi gato Machín. No tienen, ni por asomo, la altura de las del gran maestro, pero han nacido también de la ternura. Aquí las dejo como una flor rimada: Duerme, gatito mio, / no tengas miedo, / que también van al cielo / los gatos negros. / Ea la ea, / que te echamos de menos / aquí en San Pedro. / Duerme, «Antonio Machín», / ángel y gato, / que son tus ojos verdes / dos nuevos astros. / Maúllale a la luna, rubio pandero, / dile que aquí en la tierra / todo es misterio. / Que es misterio la vida, / misterio el tiempo, / y es la callada muerte /

doble misterio. / Ea la ea, / que te echamos de menos / aquí en San Pedro.

En «*Viva Arcos*»

MASCOTA

JAMÁS, que yo recuerde, he tenido mascotas.
  El niño solitario que fui un día
buscó dentro de sí la voz imaginaria
que mitigara su aislamiento
y, aparte de los suyos y las huestes
de sus tantos fantasmas,
apenas si buscó la compañía.
Ahora, sin embargo, más solo aún que antes,
con frecuencia apetezco
la discreta presencia de alguien que, conmigo,
comparta el aire que respira
y, no hallando a mi lado sino mi propia sombra,
creo que un perro, por ejemplo
—al que ofreciese yo mis arrumacos
y él me devolviera
la cómplice ternura de su roce
y su ameno ladrido—,

podría ser la solución a mi requerimiento,
mi auxilio y el apoyo
que ofrece el que se alía en la contienda.
No me atrevo, no obstante, a dar el paso,
porque quizá no sepa yo atenderlo,
responder a sus dulces carantoñas
y, desacostumbrado como estoy
a ocuparme de nadie, me descubra incapaz
de adorarlo como él me adore a mí,
sabiéndome culpable y desagradecido.
Así que, desechada tan imprudente idea,
me quiero convencer —por contentarme—
de que acaso ya tenga una mascota,
por cierto, mucho más erudita y cortés,
si bien más desleal y olvidadiza
con las obligaciones que tiene con su amo,
y que, a falta de un perro
para el que yo sea el eje
de su mundo,
te tengo a ti, Poesía,
retozando a mis pies como una gata huraña
que esconde su recelo y no se da del todo.
Y aunque no me hagas caso

y te muestres esquiva
y me mires de reojo y te rebeles
y te vayas con otros
y vuelvas cuando gustes,
yo nunca te censuro, nada te recrimino,
porque aquí está el esclavo que te aguarda
sin pedirte más cuentas
que las que quieras darme.
Bien sé que algún día —cuando yo esté dormido
o entregado, quién sabe, al cumplimiento
de tus rectos propósitos—,
cuando menos lo espere,
te subirás de un salto a mi regazo,
me lamerás la cara, zalamera,
maullarás en mi oído con tus artes
de gata seductora que conspira,
y a traición, sin que yo
me pueda defender, en un plisplás,
me sacarás los ojos con tus garras.
Y entonces,
con pesar y arrepentido,
me acordaré del perro que no quise.

El barco de Teseo

EDUARDO CHIRINOS

GATO NOCTURNO DESTRUYE
SU LEYENDA

No sé si me gustan los gatos. Tampoco
si me gustan los perros. Jamás he tenido
mascotas en casa (tampoco niños), pero
un gato me visita siempre por las noches.
«Debes ser el gato de Baudelaire, le digo.
Veo tus místicas pupilas, tus ojos de metal
y ágata mirarme a través de la oscuridad».
Pero el gato no responde. «Entonces eres
Micifuz el extranjero o Marramaquiz el
que araña las bibliotecas del Parnaso».
Pero el gato estira su lomo sin decirme
nada. «¿Has venido acaso de *Cheshire*
y no entiendes español?, ¿acaso apareces
y desapareces y muestras de noche tu
sonrisa sin gato?» Pero el gato, pardo
como todos los gatos, ni siquiera sonríe.
Pruebo entonces con el gato con botas,

con el gato triste y azul que nunca se
olvida, con el gato filósofo de Natsume
Soseki «que aún no tiene nombre». Pero
el gato levanta su cola, da media vuelta y
se marcha, indiferente, hacia la noche fría.

Naturaleza muerta con moscas

ANTONIO DE LA GROSA

EL GATO

E L gato tiene nombre y lo sabe.
Responde a la llamada si le place:
no es tu decisión sino la suya.
No conoce el lenguaje,
pero su ronroneo
supera en elocuencia
cualquier hallazgo poético.
Dormir y reposar,
tal es su empresa,
aunque esa aparente indolencia
esconde la sabiduría del universo.
Penetrar en sus enigmas
no está al alcance del hombre.
Gozar de su condescendencia
es privilegio de quien afirma,
no sin ingenuidad,
ser su dueño.

Sus nociones de geografía
se ciñen a cuatro paredes,
pero sus ojos han recorrido el mundo
y su sangre ignora
eso que llaman patria.
No conoce tu identidad,
pero te llama también a su manera.
Un maullido fugaz
—no hay otra recompensa—
anuncia que eres alguien
El trofeo ensancha el ánimo
y colma la vanidad.
Imposible sustraerse a su cuidado.
Imposible no hacer de su compañía
un refugio para el espíritu.

Desprendimientos

ANIMAL 5º
(Adivinanza)

E LEGANTE en su porte,
armonioso en su paso,
si le miro a los ojos
me parece pensando.
El misterio camina
con las patas del...

Poemas para sobrinos

JESÚS AGUADO

LOS GATOS

Les dábamos los dulces más sabrosos para que se
    quedaran
escuchando los ríos de las cítaras
que un amigo tañía en nuestro cuarto.
Por cómo se ovillaban en un rincón, o cómo
paseaban inquietos, o cómo se lamían, o por el dulce o
    fiero ronroneo,
sabíamos entonces si la música había complacido
o no a los dioses. Luego,
ya el concierto acabado y todos idos,
los gatos se quedaban hasta el alba
enroscados en una eternidad
que era nuestra también por esas horas.

Los amores imposibles

GATO

EN el alféizar
de la ventana, un gato
me mira con fijeza.
Tan parecido es
al gato que hace tiempo
tuvimos,
que estoy a punto de decirle: pasa.
Pero murió aquel gato
y lo enterramos.
Sin embargo, me estudia con sus ojos.
Es como si esperase
que mis gestos retomen
una antigua costumbre.
Cada vez me resulta
más familiar el verlo en la ventana.
¿Soy yo quien se parece
a la imagen que buscan

sus ojos atónitos?
De pronto, algo lo asusta.
Se va sin acabar
de estar seguro
de quién soy.
Me quedo.
Soy la duda del gato.

Alguien queda

TRES PIES

S IEMPRE me habían dicho
que no buscara los tres pies al gato.
Un día me encontré un gatito cojo.
Aún le estoy buscando el cuarto pie.

Falsa pimienta

JOSÉ MANUEL BENÍTEZ ARIZA

CHUBBY

PARECE que nos miras por ese tercer ojo, esa llaga
en la frente.
Briznas de esparto en vez de pelo,
la pupila empañada,
y ese olor a miseria… No pareces un gato.

Y me pregunto qué has venido
a buscar a mi puerta,
cómo es que dejas que un extraño
te tome entre sus brazos, te limpie las heridas,
te ponga por delante un cuenco de comida.

¿De qué infierno has salido?

Deja que te cepille el pelo, sí.

Y no te preocupes:
entiendo bien tu miedo,
entiendo bien ese dejarse hacer.

Laberinto

ANTONIO RIVERO TARAVILLO

LAST RIDE TOGETHER

Un trasportín vacío
    en el camino de regreso,
no en el asiento de atrás:
en el maletero.

Aquella cinta verde en la patita
(bien está el diminutivo
porque te habías quedado en los huesos),
y tú girando en torno a ella
como un planeta
cuyo sol se ha apagado y todavía
da vueltas cada vez más despacio.

Nos dejaste
cuando ya no podías hacer nada más
por nosotros,
de nuevo en la consulta,

los ojos abiertos como platos
de pienso que no querías comer.

En el asiento de atrás,
esta tarde
el silencio;

una bolsa no abierta, en el armario,
que no crujirá ya nunca entre tus dientes
y no nos atrevemos a tirar.

Luna sin rostro

LA HISTORIA MÁS TRISTE

El gato salta,
pero calcula mal
y cae al suelo
atónito y conforme.
No tuvo en cuenta el peso del tumor
que ahora hincha su pelo en el costado
y, desequilibradas las mitades
a ambos lados de la columna
o bisectriz,
resbala.
El sofá poco a poco estará libre
de arañazos y uñas.
Llueve, y la ventana
solloza al asomarse y contemplarlo.
Se diría que todo es una glosa
del que iba a ser originalmente el título
de la primera novela de Ford Madox Ford.

Inédito

ANTONIO MORENO

GATA EN CELO

LA gata exasperada por el celo
me dice algunas noches qué es la vida.
Desvelado, tendido, voy comiendo
las horas, limitándome a escuchar
la sucesión hiriente de esos gritos
tórridos, desolados, angustiosos,
que no hablan de maldad ni de bondad,
de identidad, del yo o de la conciencia,
ni de «cosas en sí», forma o materia.
Tan sólo está, sufriendo de deseo,
gritando a todo
                    como todo grita,
ciego frente a la noche, para ser.

Polvareda

NUEVAMENTE

Es hora, nuevamente, de aprender
y detenerse a ver sin prisa alguna,
haciendo del minuto el horizonte
de tu sabiduría:
                    aprende a estar
tendido, como el gato, en este cénit,
recibiendo la luz del firmamento.

Él sabe como nadie,
mejor que los astrónomos,
de qué está hecha tanta claridad,
a qué punto sin término
conduce a quien la escucha.

Igual que el gato, que es silencio y día,
como él, es hora de olvidar de nuevo
a dónde íbamos,

y aun quiénes éramos,
y ser un corazón tendido al sol.

En *Turia. Revista Cultural*

JOSÉ MANUEL GARCÍA GIL

POR SIETE

Para mi hermano Luis

P ASA el lunes, apoltronada
en posiciones poco decorosas.
Se acurruca, hace arrumacos los martes
y ronronea cual tocadiscos viejo.
Los miércoles restriega entre los libros
y los rodapiés su alma de tigresa.
Su enigma se deriva de ese roce
eléctrico con la vida. Mimada
en exceso, como un ladrón metódico,
sin tirar un solo tiesto pasea
por la mesa y salta como con muelles
cuando por el suelo rueda un planeta.
El jueves viaja a Persia.
Sin equipaje decide escaparse
por el balcón esquivando hábilmente
cuerdas, escobas y recogedores.
Levantaba un poco la cabeza

para otear lo oscuro en el horizonte
y respirar el frescor aromático
de las camisas limpias y planchadas.
Las rozaba con sus orejas cónicas
y su cola erguida antes de marchar
majestuosa por el desfiladero
de la terraza hacia tierras de Oriente.
La noche de los viernes se transforma
en una terrorífica asesina,
mata a cuanto bicho se le pone a tiro
que ven en el cuarzo de sus ojos
el mismísimo rostro de la muerte.
El sábado corre a camuflarse
durante horas en la tupida selva
de los cojines más selectos.
Y escondida entre ellos cuenta hasta cinco
antes de responder con un zarpazo
al incordio de los niños pequeños.
Como es fiesta de guardar, los domingos,
caprichosa, maniática, perdida
en extrañas cavilaciones, atenta
a señales marcianas, esconde sus trofeos
en inverosímiles recovecos.

A veces la envidio desconectada
de este dichoso mundo irremediable.
Nadie se sorprende de tanta hazaña
si se repara en que estos siete días
no son sino la reducción a un poema
de tantas vidas y resurrecciones.

Inédito

LA NOCHE SIN NOCHE

En Tetuán se hace de noche antes que en ningún sitio. No hay espacio para el crepúsculo, y el sol desaparece sin aviso tras el Monte Dersa, dejando a la ciudad aterida y aún desnuda. No será hasta mucho más tarde cuando las luces de las farolas, de una tonalidad amarilla, la vistan y la recuperen. Y es en ese espacio entre dos luces cuando llegan los gatos. Ávidos y sigilosos, vienen a devorar los restos del día, esas esquirlas de sol que a veces quedan prendidas en el agua, en un espejo o en el fondo de una copa. Los gatos son los guardianes de una ciudad que significa en *tamazight* «los ojos», y velan por la oscuridad, por sus dobleces, por sus misterios de tiniebla, de frío, de abandono.

Algunos gatos son de carne y otros de sombra.

En la noche de Tetuán también viven los desencantados. Los gatos los aceptan como a iguales, olfatean su oscuridad, la consienten. Algunos son de carne, otros de sombra. Buscan el cerco de la luna, pero la luna tarda en llegar, más que la luz de las farolas, y muchas veces falta a la cita, ocupada en alumbrar ciudades más alegres o más agradecidas. Los gatos no la buscan ni la desean; si maúllan a su luz redonda es para retarla.

La luna no es de carne ni de sombra.

Pero también en Tetuán hay noches que se escapan de todas las reglas. Esas noches no hay gatos, ni luna, ni desencantados, ni espejos, ni farolas. Son pocas y esquivas. Son las noches sin ruido en las que los seres nocturnos duermen a la par que los diurnos. Son las noches en que un secreto se extiende sobre los tejados y un milagro sucede en una de las casas, en una cualquiera, señalada por el amor o por el azar.

Las noches sin noche sólo pueden ser de carne.

En *Revista Litoral*

FRANCISCO SERRADILLA GARCÍA

EL GATO ALBINO

Hoy he estado durmiendo
con mi gato de espuma.
Se ha cerrado el paréntesis que abriera una batalla
perdida, se ha cerrado
un tiempo de paredes y grietas en paisajes.

Mi gato me ha mirado sin hablarme,
desde un mundo tan puro que he tenido
que saltar de mis ruinas a sus tejas,
dejar que se me acerque, bautizarlo
en nombre de las prisas que se fueron, dormir,
volver a la cabaña de limpias chimeneas
donde el reloj no existe,
de habitaciones llenas de verano
donde los silogismos hayan huido temiendo
el ataque feroz de un gato albino.

Las abstracciones de un gato albino

EL NOMBRE DE LOS GATOS DE T. S. ELIOT

PONERLE nombre a un gato, no te asombres,
es cosa complicada y no banal.
Seguro que piensas que estoy muy mal,
pero es que un gato ha de tener tres nombres.

De ponerle el primer nombre se encarga
la familia. Serán nombres de gente
común: Pedro, Gabriel, Ana, Vicente.
Ya veis, la lista puede ser muy larga.

Claro que algunos prefieren la opción
de emplear nombres más rebuscados
en los eufónicos tiempos pasados:
Electra, Godofredo, Napoleón.

Pero los gatos, que son muy soberbios,
han de emplear apodos contundentes

que les ayuden a ir entre las gentes
con paso firme y sin perder los nervios.

Son nombres que no podrás pronunciar
sin trabucarte: Munkustrap, Waltstato,
Bombabulina, Explorer. Cada gato
ostenta así un nombre particular.

Queda otro nombre, pero no hay accesos.
Sólo el gato conoce el tercer nombre
y nunca lo dirá a ningún hombre
por mucho que lo mimen con mil besos.

Así que, cuando a un gato ensimismado
contemples, es seguro que, coqueto,
en su mente repite el gran secreto,
como un mantra sagrado

impronunciable
pronunciable
pronuncimpronunciable
inescrutable, hondo, singular,
su Nombre de verdad.

Inédito

GATO

BORRACHÍN tambaleando entre dos lunas.
Su religión es simple: no volver.
Yerno del diablo, satélite del techo,
sombra que nace donde muere la fe.

Esclavo irremediable del cariño,
alguien contó su vida en siete tomos,
alguien que no lo vio morir, seguramente,
alguien que lo inventó junto a la noche.

Desde entonces, del cielo caen gatos
parados, arrogantes, majestuosos.

Desde entonces la libertad maúlla
relamiendo el amor entre sus fauces.

Pohemas

NANA

ERA muy salidora. Hasta que un día
volvió a casa y ya no éramos nosotros.

Se convirtió en otra arma arrojadiza,
como el coche, la casa o el dinero.
Solo el amor araña más que un gato.

Al injertar su flor aventurera en la ciudad,
el primer coche la arrancó de cuajo.

Duró lo que se tarda en firmar un papel.

«Tú la mataste.
Como mataste todo lo demás».

Inédito

MAMÍFERAS

ACABAN de irse tus manos
que la acariciaron detrás de las orejas
y le regalaron hebras de pollo
contraviniendo las normas de casa.

Ella se agita, no entiende.
Constriñe las pupilas y maúlla
de un modo distinto
mirándome fijo.
Luego va a sentarse a la ventana
por si vuelves.
La noto menos desenvuelta
cuando sube la escalera
de puntillas
para olfatear mi cama.

Insegura de cuerpo
es una hembra en celo
es una hembra en duelo.
¿Querrá que muerdas mis pechos
hasta sangrarme?

Inédito

ADRIANA BERTORELLI

[HACE UN TIEMPO SOSPECHO…]

H ACE un tiempo sospecho
que mi mamá es un gato.

Yo la observo escondida
detrás de aquella puerta:
se acicala muy lento
mientras convierte el tiempo
en alfombra encantada
y la vuela en reverso.
Después allí se estira,
girando el cuello largo,
igual que la vía láctea,
un poco hacia este lado,
y el lomo curvo sigue
la torsión imposible.

En esa forma tenue
de caminar el mundo

rozando el suelo apenas,
como apenas poblando
las vueltas de la tierra
levita sigilosa
pestañeando el dolor
de siete vidas juntas
y con él hace bolas
que simula extraviar
debajo del sofá.

Como todos los gatos,
mi mamá se acurruca
entre libros y plantas
con mirada aristócrata.
Y así ande por casa
parece que vistiera
un marabú de plumas
reclinada impasible
ante un piano de cola,
persiguiendo la música
con orejas atentas
aunque ante tanta duda
prefiriera el silencio.

Lo ignoran mis hermanos,
su verdad muere en mí.
Hay tanta convicción
en querer ser persona
hay tanta dignidad,
que a veces se distrae
y se lame las patas
con el justo balance
de elegancia y justicia.

Ahora cobra sentido.
Con razón, desde siempre,
se ha rodeado de gatos
y hasta finge admirarlos:
gatos chinos y egipcios,
gatos arrabaleros,
gatos de carne y hueso.
Todos ellos, su séquito
que de noche se turnan
para estar muy pendientes
del menor movimiento
del brillo de sus ojos.

Inédito

JOHANNA GODOY

LOS GATOS

Los gatos
hacen el amor
sobre mi cabeza.

Se aman desaforados.
Evento de madrugada
suceso diz que en secreto
cuando son
arrumacos violentos.

Permanezco insomne
cuando miles de gatos
vienen a casa
y hacen el amor
sobre mi cabeza.

Roja eternidad

TERESA ITURRIOZ

¡MIAU!

Miro a la ventana y digo ¡Miau!
Un hueco del estilo guillotina
Decidida, después de tropezar con la cortina
Me deslizo

Salgo sin pensarlo y digo
¡Miau! Esto es un paseo peligroso, peligroso
Aunque es mi andar ligero y muy airoso
El piso es siete

Salgo pensando: hoy es mi día de suerte

Canto para mí misma algo pequeño
Hay un abismo a la derecha
La cornisa está mojada y además, es estrecha

Salgo a la ventana y digo ¡Miau!

Anexo

GATO

Este gato ripioso y cacofónico
rompe las coordenadas de mi tiempo
y de mi espacio.
Nunca me gustaron los mininos
literarios ellos tan de poetas.
Este gato apareció una noche
—de acuática apostura de fiereza flotante—
triple salto mortal cola y tirabuzón
desde la luna
hábito y vicio de sutil desafuero.
Mira insolente mientras escribo
como si él albergara su propio correlato
como si en cada ronroneo me advirtiera
todo es pasión inútil menos yo mismo.

Me inquieta este alpargato pretencioso
ostentando a cada paso su mistérica omnisciencia.

Y es posible que esté escrito en los espejos:
suya será la patria de mi biblioteca.

De cotidianitud

IMPOSIBILIDAD

MIRO a mi gata transcurrir por mis tobillos
podría ser leona o cierva
pero (lo juro) he visto al sol crearle un rostro
aunque la luz se desintegre al encontrarla.

A veces creo que no es más que su vacío
en un perfil que, con empeño, obran mis ojos.

Doble filo

CANZONE FELLINI

Ay de los hiperbóreos gatos
del ambarino Vístula,
ay, de los gatos del Shangri Lá
omniásticos y videntes.

Ay de los gatos de Karnak
guardianes e intérpretes,
sombras prudentes del ronroneo fúnebre.
Ay, de los gatos equilibristas
ahogados en el Yang Tsé
y aparecidos intactos en Nazca y Titicaca.
Ay de los gatos del Jordán
que no ayudan al trasiego como los perros
y prefieren esperar en la otra orilla
con su garra hipócrita.

Ay del gato inmolado en todo barrio,
mártir de salem
y amuleto para impacientes.
Ay,
de los gatos todos,
escuadras sigilosas, falanges indomables,
herederos de un mundo
que se irá de cabeza, mientras ellos,
parcos y serenos, caerán siempre
de pie.

En *Revista Altazor*

MARTÍN LÓPEZ-VEGA

SEMPIONE

Estaba sentado en el balcón, pero desde dentro
llegaba la música de Monteverdi, lejana,
como desde su siglo. Entre sorbo y sorbo
de café observaba el crecimiento del acanto
y el papiro, arrancaba hojas muertas
de los geranios. Al fondo, los edificios futuristas
de Isola, con sus jardines colgantes y sus babilonias
y la silueta intonsa de los Alpes.
Más cerca, en otro balcón,
una mujer sacudía las sábanas,
un joven preparaba en su terraza desayuno para dos.
El primer sol de la mañana exigía atención plena
al instante: y así arrancaba el poema. Así,
ocultando un sentimiento por ir en busca
de un pensamiento que lo superase,
que tallase un escalón en la piedra áspera del minuto
que se resistía a deshacerse bajo la luz.

Y es que, pese al sol, pese a Monteverdi y el domingo,
no siempre todo es como queremos: el poema surgía
para acallar al niño caprichoso que exigía lo suyo.
A aquellas alturas sabía ya hacer que se callase,
pero aún no sabía dónde colocar su tristeza.
Eso le pedía el poema: enseñar dónde poner
la tristeza sin que molestase ni pudriera.
Abrí la novela que estaba leyendo, decía:
cuando cambiamos de ciudad nuestro ángel
no se viene con nosotros, y debemos buscar uno nuevo.
Hice recuento de ciudades y de ángeles. Descreí.
Pensé: si el mundo no está bien hecho, ahora,
mañana, en adelante, será culpa mía,
como este poema. Entonces el gato del vecino
saltó de balcón a balcón; me dijo,
en su idioma de gato: *Este no es tu sitio.*
Y volví en mí.

Inédito

LEONOR SILVESTRI

EL GATO

GATO, gato, ardiente claridad
en las noches de la calle,
¿quién forjó tu subyugante simetría?

¿en qué profundidades o alturas?
¿en qué cielos se enciende la llama de tus ojos?
¿sobre qué alas aspirás a la eternidad?
¿Y qué mano se atreve a asir tu fuego?

¿qué hombro o qué arte
podría torcer el vigor de tu espíritu?
¿cuándo tu corazón comienza a palpitar
qué terrible pie te podría domar?

¿qué martillo? ¿qué cadena?
¿qué caldera fraguó tu mente?

¿qué yunque se atreve a trabar
el mortal terror de tus temibles garras?

cuando las estrellas lanzan sus rayos,
y riegan el cielo con sus lágrimas,
sonreís ante tu imagen y la del indefenso pichón.

gato, gato, ardiente claridad
en las noches de la calle,
¿quién forjó tu subjugante simetría?

Después de vos

LARISSA CALDERÓN

GATO BLANCO / GATO NEGRO

GATO Blanco de ojos azules es el rey de los gatos. Su trono es la cornisa de una ventana donde se recuesta a ver el mundo pasar.

Gato Negro de ojos verdes es un gato sin fortuna, sin
    hogar y sin familia
Es amigo de la noche y la libertad.

Gato Blanco no se preocupa por nada
Con un maullido le dan su comida favorita
y con otro le abren la puerta del jardín

Gato Negro en el día busca una sombra fresca donde
    descansar sin que nadie lo moleste.
En la noche caza.
Cuando queda bien lleno, camina por las azoteas para
    mirar la luna.

Gato Blanco no soporta ni una mancha en su pelaje
   claro y suave como algodón.
Todos los días lo cepillan y miman.

Gato Negro adora el silencio nocturno y las luces de la
   ciudad.
Cada noche se divierte acechando presas que no lo ven
   por su pelaje oscuro.

Una mañana Gato Blanco mira desde su ventana a
   Gato Negro y piensa:
¡Qué vida tan difícil!

Gato Negro mira de vuelta a Gato Blanco y piensa:
¡Qué vida tan aburrida!

En *Archipiélago, Revista Cultural de Nueva América*

MIGUEL ÁNGEL GÓMEZ

GATOS

Lo que importa es tener un montón
de gatos en un rectángulo de cinco
por tres metros.
Gatos que se quiten las legañas cada día
despiertos,
formidables,
niñoides,
sencillamente.
Seguro que si me siento mal,
si me siento muy muy mal
me mirarán los gatos
y me sentiré mejor
y se atrasarán
y se adelantarán
con algún jirón
de periódico
ligero y ágil.

Cuando ya los elogios
no le suenan a uno a nada
lo que hay que hacer
es centrarse en los gatos.
Ellos comen papel,
recitan poemas,
saben que las cosas son como son,
sirven para curarse.
Los gatos te hacen sentir un muerto feliz
que escribe algunas cosas bien medidas.

La polilla oblicua

JAVIER ALVARADO

SONRISA SONETEICA
AL GATO DE CHESHIRE

Eres la oscuridad de la sonrisa
portando vida con tus siete muertes
siete vidas nos dejas como suertes
llama de humo en la greda de la brisa.

Y no es la soledad, locura pisa;
rabo y magia, las fábulas que ensuertes
niñas y marionetas cuando sueltes
acertijos de loca y nueva risa.

Nos bullirá la creación entera
y la inmemorial bruma en lejanía
cuando tomes camino hacia la nada

escogiendo la nunca primavera
de tus ojos, la tierra umbría, umbría
nos deja como casa abandonada.

En *Revista Poética Azahar*

BÁRBARA GRANDE GIL

PELAJE

D E repente un día
tu gato no quiere que lo acaricies.
No extrañas ya el tacto del pelaje
sino a ti misma.
¿Por qué verse de nuevo
cubierta de pieles imposibles?
Vives como la enfermedad agazapada,
prevés en los adultos lo injusto de tu especie.
No entiendes ver en los otros el dolor y estar tranquila;
porque ves la muerte quieres más.

Es tu gato el que te lame
el capricho infinito
de no ser más tú.

Placebo

DANIEL RODRÍGUEZ RODERO

MESA CAMILLA

REDONDA. Simple. En el centro
de la cocina. Las horas
pasan quietas. Los ahoras
son instantes del encuentro.
Un gato dormita dentro
para guardarse del frío.
Rústica y sobria. El hastío
se hace paz en la familia.
Ya de noche. Ella, en vigilia,
contempla. ¿Vida es vacío?

Inédito

ÍNDICE

Prólogo de *Ricardo Álamo* 7
    Nota a esta edición 30

GATOS

Rubén Darío
    El pleito 35
Antonio M. Cubero
    L-i-m-i-n-a-r 41
    C-o-s-m-o-g-o-n-í-a 42
    Error causal 43
José Juan Tablada
    Panorama 44
Manuel Machado
    No se libró ni el gato de un soneto . . . 45
Luis Carlos López
    Hay que comer carne de gato.... . . . 46
Fernando Villegas Estrada
    Los ojos de los gatos 47

JORGE GUILLÉN
Gatos de Roma 48
GERARDO DIEGO
El gato 50
FEDERICO GARCÍA LORCA
Canción novísima de los gatos 51
MIGUEL HERNÁNDEZ
La gatita Mancha y el ovillo rojo 55
EMMA POSADA
Gato negro 58
RAMÓN DE GARCIASOL
A mi gato 59
GASTÓN BAQUERO
El gato personal del conde Cagliostro . . . 68
GONZALO ROJAS
Gato negro a la vista 70
VIOLETA PARRA
A mi casa llega un gato 71
RAFAEL MORALES
Gato negro de las delicias 73
LUZ MÉNDEZ DE LA VEGA
El gato negro 74
ALBERTO GIRRI
Gato gris muerto 76
ELISEO DIEGO
En la cocina 78
A un gato que no volvió 80

Olga Orozco
    Canto a Berenice 82
Ernesto Cardenal
    Reflexiones de un ministro 84
Enrique Lihn
    A la muerte de un gato en Manhattan . . . 86
Eduardo Lizalde
    El gato 87
Héctor Yánover
    Poemas con gato 90
Herberto Helder
    [Mujer, casa y gato…] 97
Saúl Ibargoyen
    El poeta y su gato 100
José Jiménez Lozano
    Doctorado 103
María Victoria Atencia
    Tulia 104
Marosa di Giorgio
    Había tres gatos 105
Rafael Alcides Pérez
    Solo de gatos 107
José Emilio Pacheco
    Gato 109
Winston Orrillo
    Duerme 110

JOSÉ LUIS PARRA
    Mañana Bendita 112
    El Gato Atrapado 113
JOSÉ WATANABE
    El Gato 115
VÍCTOR BOTAS
    Gato 117
PUREZA CANELO
    Gato en el huerto 118
MIGUEL d'ORS
    Gato 120
ANTONIO DELTORO
    El gato 122
GONZALO MILLÁN
    Vida de perros 123
CECILIA
    Mi gata Luna 124
LUIS JIMÉNEZ-CLAVERÍA
    Ocho preguntas a los gatos 126
    Reflexión pictórica sobre los gatos . . . 129
ALEJANDRO DUQUE AMUSCO
    A Juno 130
    Ragdoll 132
LUIS ALBERTO DE CUENCA
    Otelo, Mosca y Gloria 134

Javier Salvago

    Como se quiere a un gato 137

    Zombi, mi gato negro 138

    Aleluyas del ordenador y el gato 141

Susana Benet

    Haikus 143

José Luis García Martín

    Ser rey del mundo 146

Piedad Bonnett

    Reciclando 149

Jon Juaristi

    De gatos y unicornios 151

    Psicopompos 152

Jaime Siles

    El gato 154

Luis Antonio de Villena

    El gato me espera cada noche 156

Armando Arteaga

    De un gato negro (a la manera

       de Richard Eberhart) 157

Reina María Rodríguez

    Posesión 160

Dolors Alberola

    [Un gato es una estratagema...] 162

WILLIAM OSPINA
  Gato 164
EDUARDO JORDÁ
  Tonto y yo 165
RAFAEL ADOLFO TÉLLEZ
  Los viejos gatos 167
JOSÉ JULIO CABANILLAS
  Para la gata Jueves 169
RAMÓN FERNÁNDEZ-LARREA
  Historias de los gatos 171
KARMELO C. IRIBARREN
  El gato de la mala nueva 173
  El gato 174
PEDRO SEVILLA
  «Antonio Machín» 175
GINÉS ANIORTE
  Mascota 178
EDUARDO CHIRINOS
  Gato nocturno destruye su leyenda . . 181
ANTONIO DE LA GROSA
  El gato 183
INMACULADA MORENO
  Animal 5º (adivinanza) 185
JESÚS AGUADO
  Los gatos 186
ARTURO TENDERO
  Gato 187

AMALIA BAUTISTA
    Tres pies 189
JOSÉ MANUEL BENÍTEZ ARIZA
    Chubby 190
ANTONIO RIVERO TARAVILLO
    Last ride together 192
    La historia más triste 194
ANTONIO MORENO
    Gata en celo 195
    Nuevamente 196
JOSÉ MANUEL GARCÍA GIL
    Por siete 198
JOSEFA PARRA
    La noche sin noche 201
FRANCISCO SERRADILLA GARCÍA
    El gato albino 203
JUAN BONILLA
    El nombre de los gatos de T. S. Eliot . . . 204
OTONIEL GUEVARA
    Gato 206
JOSÉ LUIS PIQUERO
    Nana 207
JULIA SANTIBÁÑEZ
    Mamíferas 208
ADRIANA BERTORELLI
    [Hace un tiempo sospecho…] 210

Johanna Godoy
   Los gatos 213
Teresa Iturrioz
   ¡Miau! 214
Tina Suárez Rojas
   Gato 215
Marialuz Albuja Bayas
   Imposibilidad 217
Fabricio Estrada
   Canzone Fellini 218
Martín López-Vega
   Sempione 220
Leonor Silvestri
   El gato 222
Larissa Calderón
   Gato blanco / Gato negro . . . 224
Miguel Ángel Gómez
   Gatos 226
Javier Alvarado
   Sonrisa soneteica al gato de Cheshire . . 228
Bárbara Grande Gil
   Pelaje 229
Daniel Rodríguez Rodero
   Mesa Camilla 230

Gatos
terminó de imprimirse
el 5 de agosto de
2024